GERHARD HÖHN
CHRISTIAN LIEDTKE

Auf der Spitze der Welt

Mit Heine durch Paris

I Hoffmann und Campe I

1. Auflage 2010
Copyright © 2010 by Hoffmann und Campe Verlag, Hamburg
www.hoca.de
Einbandgestaltung: Katja Maasböl, Hamburg
Einbandmotiv: Getty Images / The Bridgeman Art Library /
French School
Satz: Pinkuin Satz und Datentechnik, Berlin
Gesetzt aus der Weiss
Druck und Bindung: GGP Media GmbH, Pößneck
Printed in Germany
ISBN 978-3-455-40255-1

**HOFFMANN
UND CAMPE**

Ein Unternehmen der
GANSKE VERLAGSGRUPPE

INHALT

VORWORT

»Fragt Sie jemand wie ich mich befinde, so sagen Sie: wie ein Fisch im Wasser. Oder vielmehr, sagen Sie den Leuten; daß, wenn im Meere ein Fisch den anderen nach seinem Befinden fragt, so antworte dieser: ich befinde mich wie Heine in Paris.« Was Heine im Oktober 1832 an einen deutschen Freund schrieb, zeigt, dass er in der französischen Metropole – obgleich Ort seines Exils – ganz in seinem Element war.

Fünfundzwanzig Jahre lang lebte und arbeitete, liebte und litt Heinrich Heine in Paris. Seine scharfsinnigen Reportagen und geistreichen Feuilletons über das politische, kulturelle und urbane Leben der Julimonarchie haben ihn zum Chronisten eines der glanzvollsten Abschnitte der Stadtgeschichte gemacht. Seine Texte haben das deutsche Parisbild bis heute geprägt, und wer hierherkommt, wird die Stadt – bewusst oder nicht – mit Heines Augen sehen.

Heines Paris hat mit dem heutigen allerdings nur wenig gemein. Die damalige Stadtmauer wurde unmittelbar nach seinem Tod abgerissen, das historische Zentrum saniert und die gesamte Physiognomie der Stadt grundlegend erneuert. Aber die industrielle Revolution hat nicht alles vernichtet, was an Heines Arbeits- und Alltagsleben erinnert. Dieses Buch begibt sich auf eine literarische Spurensuche zu den Schauplätzen seines Pariser Lebens: zu seinen verschiedenen Wohnungen, zum Künstlertreffpunkt Palais-Royal oder zu den Grands Boulevards mit ihren Theatern, Passagen, Cafés und Salons und schließlich zu seinem Grab auf dem Montmartre. Dabei stellt sich häufig die Frage, wo genau Heines Paris war und was sich heute dort befindet. Eine Frage, die sich wegen der ungesicherten Quellenlage nicht immer eindeutig beantworten lässt. Dennoch wird man in diesem Buch Heines Paris entdecken und eine Vorstellung davon bekommen, wie der Dichter die Metropole als lebendigen Erinnerungsraum zweier Revolutionen wahrnahm und im Großstadtleben auf Schritt und Tritt die Zeichen der Moderne erkannte.

MYTHOS PARIS

In der Nacht zum 19. Mai 1831 ist der Postwagen durchgefahren. In den Morgenstunden näherte sich die Kutsche Paris aus nordöstlicher Richtung. Schnell ließ sie die Vorstadt Saint-Denis hinter sich. Bald darauf rollte das Gespann durch ein altes Stadttor und hatte die Randbezirke des Pariser Zentrums erreicht. Heines *Geständnisse* (1854) tauchen das Erlebnis in eine einzigartige Atmosphäre. In Saint-Denis nimmt der Ankömmling begeistert die Vorzeichen einer neuen Welt wahr: Ich »hörte zum ersten Mahle den Ruf der Coucouführer: Paris! Paris! so wie auch das Schellengeklingel der Coco-Verkäufer«. Der Führer eines Pferdewagens und der Verkäufer von Lakritzwasser kündigen nichts weniger als den Übergang zur modernen Zivilisation an! Die Erinnerung verleiht der Ankunft selbst einen besonders feierlichen Ausdruck: »In zwanzig Minuten war ich in Paris, und zog ein durch die Triumphpforte des Boulevards Saint-Denis, die ursprünglich zu Ehren Ludwigs XIV. errichtet worden, jetzt aber zur Verherrlichung meines Einzugs in Paris diente.«

Es war ein Triumph an einem triumphalen Ort. Das von Heine durchquerte Stadttor ist unter Ludwig XIV. im Jahre 1672 errichtet worden. Seine Inschrift lautet ebenso schlicht wie pompös: LUDOVICO MAGNO. Die mächtige, mehr als zwanzig Meter hohe Porte Saint-Denis, deren allegorische Reliefs die Siege des Königs am Rhein und in Holland verherrlichen, steht heute unverändert an ihrem angestammten Platz – allerdings umbrandet vom Autoverkehr aus vier Richtungen.

Heines Erinnerung erhöht die Ankunftsszene religiös. Der Dreiunddreißigjährige hatte Deutschland verlassen, weil er es musste. Die Verhältnisse in seinem Heimatland hatten ihm keine andere Wahl gelassen. Der Plan, nach Paris zu reisen, war seit einiger Zeit gereift und hatte sich jetzt erfüllt. Paris war der Beginn eines ganz neuen Lebens: Diese Stadt sollte zur Bühne werden, auf der er europäische Geltung erlangte. Aber Paris verwandelte sich auch in den Ort bitteren Leidens und Sterbens.

»Paris ist das neue Jerusalem«, verkündet Heine am Schluss der *Reisebilder*, »und der Rhein ist der Jordan, der das geweihte Land der Freyheit trennt von dem Lande der Philister.« Erscheint die Freiheit als »die Religion unserer Zeit«, dann ist Paris der weltliche Ort, an dem sie prophezeit und verwirklicht wird. Der erste Brief, den er von dort an seinen Berliner Freund Varnhagen von Ense schreibt, beginnt mit den exaltierten Worten: »La force des choses! Die Macht der Dinge! Ich habe wahrhaftig nicht die Dinge auf die Spitze gestellt, sondern die Dinge haben mich auf die Spitze gestellt, auf die Spitze der Welt, auf Paris.«

Dieser unfreiwillig gewollte Sprung auf die Spitze moderner Zustände konnte alles, auch das bald unvermeidliche Gefühl der Emigration, kompensieren. Er hat Erfahrungen und Einsichten ermöglicht, die den meisten in Deutschland lebenden Zeitgenossen versagt geblieben sind. Von der »Spitze der Welt« musste das Traum- und (Winter-)Märchenland jenseits des Rheins wie ferne Vergangenheit erscheinen.

Die befreiende Dynamik dieser modernen Metropole geht mit Heines vitalem Bedürfnis nach frischer Luft so sehr einher, dass der »Luft« geradezu mythische Kraft zuwächst und er sie in seinen Schriften zu einem immer wiederkehrenden Symbol macht. In der inspirierenden Pariser Atmosphäre überkreuzen sich zwei eigentlich widersprüchliche Phänomene: Die Stadt erscheint ihm nicht als krasses Gegenbild zur Natur, sondern wird ausdrücklich als naturhaft wahrgenommen. Kurz vor seinem Aufbruch träumt Heine, dass er seinen Koffer packt und nach Paris fährt, »um frische Luft zu schöpfen«. In Deutschland, erklärt er in den *Geständnissen*, sei ihm vor der Julirevolution »die heimathliche täglich Luft ungesunder« vorgekommen und es habe ihn zur »Veränderung des Climas« nach Paris gezogen. Noch vor Erreichen der Pariser Stadtmauer erinnert sich der Reisende, wie er typische Zeichen moderner Zustände wahrnimmt: »Hier athmet man schon die Luft der Hauptstadt, die am Horizonte bereits sichtbar.« Hält sich Heine dagegen außerhalb von Paris oder an der Küste auf, zieht es den Flaneur in die Großstadt zurück. Selbst in frischer Meeresluft bricht sich seine urbane Nostalgie als Bedürfnis nach frischer Luft Bahn. 1842 beschreibt er seine Rückkehr aus der Sommerfrische in Boulogne-sur-mer, indem er die Stadtluft gegen die Meerluft ausspielt: »[…] ich gestehe, das Herz jauchzte mir in der Brust, als der Postwagen über das geliebte Pflaster der Boulevards dahinrollte, als ich den ersten Putzladen mit lächelnden Grisettengesichtern vorüberfuhr, als ich das Glockengeläute der Cocoverkäufer vernahm, als die holdselige civilisirte Luft von Paris mich wieder anwehte.«

Paris kann sogar schöpferische Kräfte freisetzen. Das unterstreicht das Vorwort zu *Deutschland. Ein Wintermärchen*: »Das nachstehende Gedicht schrieb ich im diesjährigen Monath Januar zu Paris, und die freye Luft des Ortes wehete in manche Strophe weit schärfer hinein, als mir eigentlich lieb war.«

Stellt Heine die Metropole Paris aus der Perspektive des Flaneurs dar, der einer modernen Großstadt seine Huldigung entgegenbringt, dann hat er dabei auch immer die deutschen Leser im Sinn, denen ein Spiegel vorgehalten werden soll. So stellt er die Pariser Boulevards den deutschen Kleinstadtgassen gegenüber, und der nächtliche Flaneur wird zum Gegenbild des deutschen Michels mit Schlafmütze. Auf den Boulevards »branden die wildesten Wogen des Tages, dort kreischen die lautesten Stimmen der modernen Zeit; das lacht, das grollt, das trommelt [...]. Ist das nun der Ort, wo man Uhlands Gedichte lesen kann?«, fragt er und dichtet:

> Und alles dreht sich hier im Kreise,
> Mit Ungestüm, wie'n toller Traum!
> Bey uns bleibt alles hübsch im Gleise,
> Wie angenagelt, rührt sich kaum.

Heine steht in einer Reihe deutscher Literaten, die den Schauplatz zweier siegreicher Revolutionen, den Ort der Erklärung unveräußerlicher Menschenrechte, das Hauptquartier und den Ausgangspunkt von Napoleons Armeen als Inbegriff von Freiheit und Fortschritt beschworen haben. Zuerst waren in den 90er Jahren des 18. Jahrhunderts deutsche Jakobiner und Liberale nach Paris aufgebrochen, um an der Großen Revolution teilzunehmen. Nach der Julirevolution von 1830, jenem epochalen Ereignis, das, wie Heine schrieb, »unsere Zeit gleichsam in zwey Hälften auseinander sprengte«, sind erneut deutsche Intellektuelle nach Paris gekommen, um die Geschichte dort zu erleben, wo sie gemacht wird. An der Seine trafen die »Revolutionstouristen« auf eine starke deutsche Kolonie. Paris zählte um 1830 mehr als eine Dreiviertelmillion Einwohner, darunter eine große Zahl deutscher Handwerker und politischer Flüchtlinge, aus deren Organisationen später die deutsche Arbeiterbewegung hervorgehen sollte. 1830 hielten sich etwa 7000 Deutsche in Paris auf; 1841, als die Einwohnerzahl die Millionengrenze überschritt, waren es schon 30 000 und 1848 sogar 62 000.

1830 waren bereits viele Paris-Mythen im Umlauf, aber deren Kern bildete immer die ungebrochene revolutionäre Dynamik des *»peuple de Paris«*, das Frankreich an die Spitze der europäischen Nationen gestellt hat. Für Heine bedeutet 1830 Wiederkehr und Fortsetzung des unvollendet gebliebenen Umsturzes von 1789: »Die Revoluzion ist eine und dieselbe; [...] nicht für die Charte schlug man sich in der großen Woche, sondern für dieselben Revoluzionsinteressen, denen man seit vierzig Jahren das beste Blut Frankreichs geopfert hatte.«

König Louis-Philippe verdankt seinen Thron nicht seiner Geburt, sondern der Volkssouveränität. Wer war dieser ehemalige Herzog von Orléans wirklich, den die feierliche Annahme einer revidierten Verfassung zum »König der Franzosen« (nicht Frankreichs) gemacht hat? Kann es das geben, einen Roi-Citoyen, einen König *und* Bürger? Eine merkwürdige Zwiespältigkeit, die auch Heines Kritik herausgefordert hat, umgibt das neue Herrschaftssystem samt seinem höchsten Repräsentanten. Das System beruht auf einem Kompromiss, einem *juste milieu* zwischen Übermaß der volkstümlichen und Missbrauch der königlichen Macht. Tatsächlich ist nicht der König der Sieger von 1830, sondern das liberale Groß- und Finanzbürgertum. Und nicht das Volk hat 1830 gesiegt, wie Heine später eindeutig geschrieben hat, sondern »jene

Bourgeoisie, die eben so wenig taugt wie jene Noblesse, an deren Stelle sie trat, mit demselben Egoismus«.

Heine hat die Orte der neuen Macht aufgesucht, um eine genaue Vorstellung moderner bürgerlicher Verhältnisse geben zu können. Seine kritische Einstellung bildete sich aber auch durch Kontakte zur linken Opposition, speziell zu der frühsozialistischen Bewegung der Saint-Simonisten (s. S. 65). Gleich nach seiner Ankunft hat Heine dem Büro ihrer Zeitung *Le Globe* einen Besuch abgestattet, das im Zentrum von Paris in der Rue Monsigny 6 lag. Am nächsten Tag erscheint in *Le Globe* folgende bemerkenswerte Notiz: »Der gefeierte deutsche Autor Doktor Heine befindet sich seit vorgestern in Paris.« Heine wird als junger, fortschrittlicher Mann vorgestellt, der sich entschieden für die Interessen des Volkes in Deutschland eingesetzt hat.

Wenn es auch im Untergrund der Gesellschaft unter Louis-Philippe bebt und rumort, herrscht an der Oberfläche ein blendendes kulturelles Leben, das eine große Tradition fortsetzt. Die geistige Kultur, die sich bereits ab Mitte des 18. Jahrhunderts entwickeln konnte, hat früh zur Mythisierung von Paris als Stadt der Intellektuellen beigetragen. Daran erinnert eine der Lobeshymnen Heines: »Paris ist nicht bloß die Hauptstadt von Frankreich, sondern der ganzen civilisirten Welt, und ist ein Sammelplatz ihrer geistigen Notabilitäten. Versammelt ist hier Alles, was groß ist durch Liebe oder Haß, durch Fühlen und Denken, durch Wissen und Können, durch Glück oder Unglück, durch Zukunft oder Vergangenheit. Betrachtet man den Verein von berühmten oder ausgezeichneten Männern, die hier zusammentreffen, so hält man Paris für ein Pantheon der Lebenden.«

Von der Ausstrahlung der Stadt magisch angezogen, hat Heine den blendenden Kulturbetrieb einer genauen Analyse unterzogen. Aber er war auch selbst Teil des Tout Paris der Julimonarchie. Es ist erstaunlich, wie schnell es dem Neuankömmling gelungen ist, in die führenden Kreise der Stadt aufgenommen zu werden. Zu seinen frühesten Bekanntschaften gehören viele Musiker mit großen Namen wie Hector Berlioz und Frédéric Chopin, Franz Liszt, Giacomo Meyerbeer und Gioacchino Rossini. Die lange freundschaftliche Beziehung zu Meyerbeer ist später allerdings in offene Feindschaft übergegangen, die Heine mit zahlreichen satirischen Angriffen geschürt hat.

Heine hat auch bereits nach kurzer Zeit alle tonangebenden französischen Romantiker kennengelernt, wie Théophile Gautier, Alfred de Vigny, Honoré de Balzac, Victor Hugo, Pierre-Jean de Béranger, Alexandre Dumas und George Sand. Mit Gérard de Nerval entstand erst 1848 eine späte, aber intensive Freundschaft.

Wohl keine andere Frau im schriftstellerischen Milieu hat Heine so dauerhaft hingerissen wie George Sand, mit der er durch Vermittlung Liszts 1834 bekanntwurde. Sie wohnte von 1833 bis 1836 am linken Seine-Ufer im Innenhof des Quai Malaquais 19, wo heute eine Gedenktafel an die berühmte Bewohnerin erinnert, die ein bewegtes Liebesleben geführt hat und Erfolg mit Romanen hatte, in denen sie für die Emanzipation der Frau eingetreten ist. Über zehn Jahre haben die »très belle et très bonne cousine« und der »bon Cousin« Briefe mit liebenswürdigsten Anreden und vielen Komplimenten gewechselt.

Auch die literarischen Salons haben die Integration des Neuankömmlings gefördert und ihm den Zutritt zu einflussreichen Kreisen verschafft. Durch sein Talent zur geistreichen Geselligkeit war er stets willkommen, etwa bei der Salon-Gastgeberin Caroline Jaubert, die ihn rühmte: »Er regte an, er glänzte; sein sprühender Geist wurde ein schätzbares Element; mit liebenswerter Genauigkeit kam er allen gesellschaftlichen Verpflichtungen nach.« Schon im ersten Pariser Herbst lernt Heine Nanette Valentin, geborene Dellevie, kennen. Im Salon dieser Pariser Bankiersgattin, der sich damals in der Rue neuve des Petits-Champs 50 befand, begegnet er ab Oktober 1831 seinem deutschen Kollegen Ludwig Börne, aber auch dem alten Freund Eduard Gans sowie Giacomo Meyerbeer. 1834 wurde der Salon in die Rue Louis-le-Grand 11 verlegt.

Im März 1833 wird Heine mit der italienischen Politikerin Cristina Principessa di Belgiojoso-Trivulzio bekannt. Die in Mailand geborene Fürstin, die sich für liberale und saint-simonistische Ideen begeistert, lebt seit 1831 im Exil in Paris und unterhält einen angesehenen Salon. Seit Anfang 1834 besteht eine enge Freundschaft mit der verehrten »belle Princesse«, an die Heine Briefe voll galanter Komplimente richtet. Er ist oft Gast in ihrem Haus, das italienischen Emigranten als Zufluchtsstätte offensteht, und auf ihrem kleinen Schloss La Jonchère bei Bougival im Westen von Paris. Der schmucklose Pavillon aus dem 18. Jahrhundert gehörte zu Zeiten einer früheren Besitzerin, der Impératrice Joséphine, zum Château de Malmaison. Er wurde oft verkauft, beherbergte zuletzt ein Hotel mit Restaurant, wird aber ab 2009 in ein Appartementhaus umgewandelt und steht deshalb nicht mehr zur Besichtigung frei. In diesem »lieblichen Kreise vornehmer Personen«, von dem Heine stolz seinem Hamburger Verleger berichtet, lernt er 1834 den Historiker und späteren Ministerpräsidenten

Adolphe Thiers kennen, der ihm zu einer Staatspension verhilft. Der Politiker residierte in dem heute noch gut erhaltenen Hôtel Thiers am Place Saint-Georges. Seit 1833 verkehrt Heine zudem im Salon der französischen Schriftstellerin Marie d'Agoult (Pseudonym Daniel Stern), der Geliebten von Franz Liszt. Ihr Salon befand sich zunächst Rive droite in der Rue Laffitte 23. Danach wurde er auf die Rive gauche in die Rue de Beaune 2 verlegt (Ecke Quai Voltaire 29, im früheren Hôtel de Mailly-Nesle).

Die Gelegenheit, an mondänen Abendgesellschaften in ganz anderen Kreisen teilzunehmen, hat sich seit 1831 durch die Bekanntschaft mit dem Bankier James Meyer de Rothschild eröffnet. Seit März 1832 verkehrt Heine als Gast im Haus des Baron Rothschild, wird zu Festveranstaltungen und Galaabenden geladen und steht mit Betty de Rothschild, die eine große Verehrerin seiner Gedichte ist, in freundschaftlicher Verbindung. 1818 hatte der Baron einen Stadtpalast in der Rue Laffitte 19 erworben, den er abreißen und im Renaissancestil neu errichten ließ. 1836 schildert Heine einen Ball bei Rothschild: »Da ich ihn erst um vier Uhr diesen Morgen verlassen und noch nicht geschlafen habe, bin ich zu sehr ermüdet, als daß ich Ihnen von dem Schauplatze dieses Festes, dem neuen, ganz im Geschmack der Renaissance erbauten Palaste, und von dem Publikum, das mit Erstaunen darin umherwandelte, einen Bericht abstatten könnte. Dieses Publikum bestand, wie bey allen Rothschildschen Soireen, in einer strengen Auswahl aristokratischer Illustrazionen, die durch große Namen oder hohen Rang, die Frauen aber mehr durch Schönheit und Putz, imponiren könnten. Was jenen Palast mit seinen Dekorazionen betrifft, so ist hier Alles vereinigt, was nur der Geist des 16ten

Jahrhunderts ersinnen und das Geld des 19ten Jahrhunderts bezahlen konnte; hier wetteiferte der Genius der bildenden Kunst mit dem Genius von Rothschild. Seit zwey Jahren ward an diesem Palast und seiner Dekorazion beständig gearbeitet, und die Summen, die daran verwendet worden, sollen ungeheuer seyn. Hr. v. Rothschild lächelt, wenn man ihn darüber befragt. Es ist das Versailles der absoluten Geldherrschaft.«

Heine hat einen faszinierenden Abschnitt in der Stadtgeschichte miterlebt. Wenn seine Erinnerung den feierlichen Einzug in die Stadt erst an der Porte Saint-Denis beginnen lässt, dann übergeht er einfach – oder er hat es nicht bemerkt –, dass er sich längst im Stadtgebiet befand. Seit der Großen Revolution verlief die ringförmige Stadtgrenze weiter außerhalb. Anders als die vorherigen Befestigungsmauern hatte die zwischen 1785 und 1788 errichtete *mur des Fermiers généraux* keinerlei militärische Bedeutung, sondern diente zur Erhebung einer Handelssteuer auf Waren, die in die Stadt eingeführt wurden. Die mehr als drei Meter hohe Mauer wurde innen und außen von breiten Rundwegen und Straßen gesäumt und folgte den großen Boulevards rings um Paris. Ihr Verlauf entsprach ungefähr der heutigen Streckenführung der Metro-Linien 2 und 6. Bei der Erweiterung der Stadtgrenzen im Jahre 1860 wurde sie abgerissen. Bis 1790 waren *55 barrières* genannte Zollstationen entstanden. Von ihnen stehen heute noch an vier Stellen Restbauten: am Parc Monceau und Parc de la Villette, an der Barrière du Trône und auf dem Platz Denfert-Rochereau.

Tatsächlich hatte Heine an der Porte Saint-Denis den nördlichen Rand des historisch gewachsenen Zentrums erreicht, das sich von der Île de la Cité mit der Kathedrale Notre-Dame

bis zu den Grands Boulevards erstreckte. Das ist das mittel-
alterlich geprägte Paris, wie es Victor Hugo in *Notre-Dame*
(1832) und Balzac in *César Birotteau* (1838) beschrieben haben.
Hier standen die alten, dichtbewohnten Mietshäuser ohne
fließendes Wasser, und hier verliefen die Straßen mit Abwas-
serrinne, aber ohne Trottoir.

Unter der Restauration und der Julimonarchie veränderte
sich die Physiognomie der Stadt grundlegend. 1830 zählte
Paris 850 000 Einwohner und war damit nach London die
zweitgrößte Stadt der Welt. 1856 gab es bereits 1 175 000
Einwohner. 1828 wurden erste Konzessionen für Pferde-Om-
nibuslinien vergeben, die das ganze Pariser Verkehrssystem
völlig erneuert haben. 1843 entstanden die ersten Eisenbahn-
linien, ein epochemachendes Ereignis, das Heine mit epochalen Worten reflektiert hat: »Die Elementarbegriffe von Zeit
und Raum sind schwankend geworden.«

Die Aufteilung der Kirchengüter und Adelssitze, welche die
Große Revolution von 1789 enteignet hatte, löste eine große
Spekulationswelle aus. Das Stadtbild veränderte sich also
schon, bevor Baron Haussmann die radikale Modernisierung
in Angriff nahm. Tatsächlich hat der große Umbruch bereits
nach der Revolution von 1789 begonnen. Damals wechselten
mehr als 1000 Gebäude des früheren Kirchen- und Adelsbesit-
zes ihre Eigentümer, das entsprach etwa 35 Prozent des Pariser
Immobilienbesitzes.

Um den Place Saint-Georges herum war ein neues Viertel
entstanden, das ab 1824 Künstler und Schauspieler anzog.
Es erstreckte sich bis zur Kirche Ste.-Trinité und war unter
dem Namen *la Nouvelle Athènes* à la mode. Die dort bevorzugte
neoklassische Bauweise gilt als Reaktion auf die Griechenland-

begeisterung während des hellenischen Freiheitskampfs. Der private Zugang zum Square d'Orléans an der Rue Taitbout 80 öffnet den Weg zu Hofgebäuden, in denen damals berühmte Freunde Heines eine Art Künstlerkolonie bildeten. 1842 verließ George Sand ihre Wohnung in der Rue Pigalle 16 und bezog bis 1849 die erste Etage der Hausnummer 5. Ihr Geliebter, der auch mit Heine befreundete Chopin, siedelte ebenfalls von der Rue Pigalle in das Erdgeschoss der Nummer 9 über, wo er von 1842 bis 1847 wohnte. Schon 1832 hatte sich Alexandre Dumas hier mit seiner Mätresse, der Tänzerin Belle Kreilsamer, eingerichtet.

Ein paar Schritte weiter hatte sich in der Rue de la Tour-des-Dames eine weitere Künstlergruppe niedergelassen. Der Eingang zum Innenhof befindet sich an der Rue Saint-Lazare 56. Die Stadtpaläste mit den Nummern 5 und 7 dieses *nouvelle Athènes* bewohnten die Maler Horace Vernet und Paul Delaroche. Ganz in der Nähe befindet sich das einstige Wohnhaus des Malers Ary Scheffer, das heute das Musée de la vie romantique beherbergt. Der ländliche Charakter jenes Hauses in der Rue Chaptal 16 vermittelt einen guten Eindruck davon, wie das Viertel zu Heines Zeit aussah. Hier hat Scheffer 1841 Cécile Heine, die Ehefrau von Heines Hamburger Vetter Carl, porträtiert. Zu mindestens einer Porträtsitzung wurde sie von Heinrich Heine begleitet.

Nichts ist typischer für Heines Paris als die überdachten Passagen. Ihre prächtig dekorierten Geschäfte mit dem Allerneuesten, mit Luxuswaren und teurem Schmuck waren die Vorläufer der Grands Magasins. Ihre Boutiquen haben die lange so charakteristischen kleinen Läden mit angeschlossener Werkstatt ersetzt. Ihre Teesalons, Restaurants, Cafés, Confiserien und Schokoladengeschäfte locken ebenso Kunden an wie die Lesekabinette Wissbegierige, und auch die »Göttinnen des Leichtsinns«, wie Heine die Pariser Prostituierten genannt hat, fanden hier ihre Kundschaft. Und wer den hektischen Großstadtrhythmus ablehnte, folgte einer um 1840 aufgekommenen Mode und führte eine Schildkröte durch die Passagen spazieren.

Baron Haussmanns breite Avenuen und die Eröffnungen der Bahnhöfe haben das Ende der Passagen besiegelt. Seit der Jahrhundertmitte setzte der Aufschwung der Grands Magasins ein: 1852 wurde der Bon Marché begründet. Heute existieren noch 21 Passagen, 19 davon sind zugänglich. Zwei der ältesten Passagen existieren heute noch im 2. Bezirk: die 1799 eröffnete Passage du Caire (Eingang: 237–239, Rue Saint-Denis) und die Passage des Panoramas aus dem Jahre 1799 (Eingang: 11, Boulevard Montmartre). Letztere besaß in der Mitte eine Rotunde, auf die gemalte Panoramen projiziert wurden. Diese Vorform des Kinos ist schon 1831 verschwunden. In der französischen Version seiner *Geständnisse* erinnert sich Heine, wie der Weg nach seiner triumphalen Ankunft unmittelbar in diese Passage geführt hat und wie er in einer kurzen Unterredung mit einer kleinen Blumenhändlerin seine eingerosteten Französischkenntnisse wieder flottmachen konnte. So »stottert« er sich schnell wieder in die »galanten Conjugazionen« hinein und vermag der Kleinen das Linné'sche System verständlich zu erklären. Zum Dank »posaunt« das erstaunte Mädchen den gelehrten Ruf des Deutschen in der ganzen Passage des Panoramas aus. Heines Plaisir ist den Beobachtern nicht entgangen, so erinnert sich sein Freund August Lewald: »Sein Lieblingsspaziergang war die Passage der Panorama's, wo man Abends gern vermeidet hindurchzugehen, wenn man eine Dame am Arme führt. […] Heine schlenderte hier auf und ab, die Hände in den Taschen, den Kopf in den Nacken geworfen, mit aufgesetzter Brille. Hier beobachtete er das Pariser Treiben, und nebenher zogen ihn auch wohl die ›Zoen, Aglaëen, Desiréen, Clarissen, Amélien, u.s.w.‹ an, die hier beständig lustwandeln, und denen er die hübschen Lieder gewidmet hat, die er im ersten Theile des Salon abdrucken ließ.« Entrüstet zeigte sich darüber Ludwig Börne: »Heine aber läuft den gemeinsten Straßendirnen bei Tag und Nacht nach und spricht in einem fort von dieser häßlichen Gemeinheit, in welcher er ästhetisches Vergnügen findet. Neulich kamen wir abends vom Essen. Er sagte mir, er ging' in den Passage des Panoramas – Was er dort zu tun habe? Ich will sehen, ob keines von den *Mädchen*, die ich kenne, ein neues Kleid anhat.«

Aber nicht nur flüchtige und zwielichtige Begegnungen verbindet Heine mit der Passage des Panoramas. Er selbst berichtet ausführlich, wie er den Philosophen und Minister Victor Cousin auf dem Boulevard des Italiens getroffen hat und mit ihm zum Boulevard Montmartre gegangen ist. Victor Cousin, der Deutschland mehrfach bereist und Hegel kennengelernt hatte, war der wichtigste Vermittler aktueller deutscher Philosophie in Frankreich und dadurch für Heine ein Rivale in Sachen Deutungshoheit. Sie bleiben vor einem Laden mit Kupferstichen stehen, wo Cousin die dort ausgestellten Bilder des Lübeckers Friedrich Overbeck voll Freude mustert. Heine zeigt sich erstaunt darüber, dass sich der französische Minister noch für deutsche Kunst und Wissenschaft, deutschen Tiefsinn und deutsche Humanität begeistert, obwohl doch in diesem Moment die Rheinkrise das deutsch-französische Verhältnis belastet. Cousin ist allerdings über den durch die Krise neu entfachten deutschen Nationalismus empört, den Heine scharf verurteilt hat. Heine schreibt: »Er konnte diese Berserkerwuth nicht begreifen, und auch ich begriff nichts davon, und Arm in Arm über den Boulevard hinwandelnd, erschöpften wir uns in lauter Conjekturen über die letzten Gründe jener Feindseligkeit, bis wir an den *Passage des Panoramas* gelangten, wo Cousin mich verließ, um sich bey Marquis ein Pfund Chokolade zu kaufen.« Die zufällige Straßenszene, in der zwei Intellektuelle einen großen Konflikt »Arm in Arm« erledigen, endet damit, dass sich der liberale Staatsmann ein Pfund (!) Süßigkeiten kauft. An den Hausnummern 57 und 59 der Passage des Panoramas befand sich damals das Schokoladengeschäft Marquis. Auf dessen Renommee spielt Heine noch ein zweites Mal an. In dem großen Spätgedicht »Jehuda ben Halevy« lobt er »die hübschen Bonbonnièren von Marquis im Passage Panorama«. Heute liegt dort das Restaurant L'Arbre à Cannelle. Als Zeugnisse der Vergangenheit haben sich dekorative Elemente wie Holzsäulen und Spiegel erhalten. Die Passage, in der sich heute viele Briefmarkengeschäfte finden, endet am Boulevard Montmartre und geht auf der anderen Straßenseite in die Passage Jouffroy über (1836 entstanden, 1987 restauriert).

Auf seinem Weg zum Palais-Royal kam Heine regelmäßig durch andere Passagen: die Galerie Vivienne, die mit ihrer Ornamentik zu den schönsten Passagen von Paris gehört (Rue des Petits-Champs 4), und die Galerie Colbert. Ebenfalls in der Nähe konnte er die Passage de Choiseul durchqueren (Rue des Petits-Champs 40).

Ob es sich also um das politische und kulturelle, das urbane oder erotische Paris handelt, Heine hat alle Aspekte des

Mythos Paris wie ein Lebenselixier aufgesogen und verarbeitet. Und es war ihm ein teuflisches Vergnügen, dem Mythos jenseits des Rheins nicht nur ein originelles Stück anzustricken, sondern ihn ansteckend zu machen.

PARIS – EIN FEST FÜRS LEBEN

In den *Französischen Zuständen* schildert Heine im März 1832 das bunte Pariser Straßentreiben: »Die Boulevards gewährten wirklich einen überaus ergötzlich bunten Anblick, und ich dachte an das alte Sprüchwort: Wenn der liebe Gott sich im Himmel langweilt, dann öffnet er das Fenster und betrachtet die Boulevards von Paris.« Dieses himmlische Plaisir genoss Heine alltäglich. Auf den Boulevards zu flanieren war für ihn ein ständiges Fest.

Fast alle Schauplätze seines Vergnügens als Flaneur liegen auf dem rechten Seine-Ufer. Das fängt mit dem Palais-Royal an, von dort war es nur ein Sprung zur Rue de Rivoli, deren erster Abschnitt, vom Place de la Concorde bis zur Rue de Rohan, zwischen 1800 und 1835 erbaut wurde. Auf dieser Prachtstraße, auf deren nördlicher, von Arkaden gesäumter Seite Niederlassungen von Handwerkern und Händlern verboten waren, bummelte er ebenso gern wie in den daneben liegenden Tuilerien. Nachdem die Anziehungskraft des Palais-Royal etwas verblasst war, hat sich die Paradestrecke der Flaneurs nach Norden verlagert, zu den Grands Boulevards.

Auf dem »Italien« hat Heine viele Große der Zeit sehen können, wie zum Beispiel Rossini, der dort spazieren zu gehen pflegte. Er selbst ist, wie der Schriftsteller Ludwig Wihl berichtet, gern vom Café Tortoni bis zum Café Montmartre und wieder zurück gebummelt. An diesem Abschnitt befanden sich viele berühmte, luxuriös eingerichtete Cafés. An der Hausnummer 22 hatte 1798 der Neapolitaner Velloni das wegen seiner Eisspezialitäten berühmt gewordene Café Tortoni eröffnet. Es war zu Heines Zeit und unter dem zweiten Kaiserreich *der* Treffpunkt aller Boulevardiers. Heute befindet sich dort eine Brasserie. Keines der vielen Cafés existiert heute noch.

Mehrere dieser Boulevard-Vergnügungen hat Heine in Poesie verwandelt, die Straßenszenen in der Tradition von Mercier zu »Tableaux«, zu Bildern, verdichtet.

Momentaufnahmen aus dem Alltag eines Pariser Flaneurs werden in einigen Gedichten aus dem »Romanzen«-Zyklus der Lyriksammlung *Neue Gedichte* (1844) wiedergegeben. Da zeigt sich der Sprecher seiner Amouren überdrüssig und stimmt ein ironisches Loblied auf die deutsche Liebe an:

> O, Deutschland, meine ferne Liebe,
> Gedenk' ich deiner, wein' ich fast!
> Das muntre Frankreich scheint mir trübe,
> Das leichte Volk wird mir zur Last.
>
> Nur der Verstand, so kalt und trocken,
> Herrscht in dem witzigen Paris [...].
>
> Lächelnde Weiber! Plappern immer,
> Wie Mühlenräder stets bewegt!
> Da lob' ich Deutschlands Frauenzimmer,
> Das schweigend sich zu Bette legt.

In unmittelbarer Entsprechung zu diesen Versen folgt die Romanze »In der Frühe«, die eine gegenteilige Erfahrung reflektiert. Sie erscheint wie ein kleines *tableau parisien*, das im östlichen Arbeiterviertel Faubourg St. Marceau spielt, das heißt auf der Rive gauche im 13. Bezirk:

Auf dem Fauxbourg Saint-Marceau
Lag der Nebel heute Morgen,
Spätherbstnebel, dicht und schwer,
Einer weißen Nacht vergleichbar.

Wandelnd durch die weiße Nacht,
Schaut' ich mir vorübergleiten
Eine weibliche Gestalt,
Die dem Mondenlicht vergleichbar.

Ja, sie war wie Mondenlicht
Leichthinschwebend, zart und zierlich;
Solchen schlanken Gliederbau
Sah ich hier in Frankreich niemals.

Was dem Autor Heine hier als flüchtige Begegnung erscheint, ist in Wirklichkeit wahrscheinlich so dauerhaft wie keine andere gewesen. Denn die Forschung hat einen denkbaren Bezug zu Heines späterer Ehefrau Crescence Eugénie Mirat herausgefunden. Wenn nun das vermutlich 1837 entstandene Gedicht die erste Begegnung, die im Oktober 1834 stattgefunden haben soll, in Erinnerung ruft, dann würde es eine Lücke in Heines Biographie ausfüllen. Denn die Frage ist ungeklärt, wo genau Heine Crescence, die er Mathilde nennt, zuerst getroffen hat. Crescence war 1834 ungefähr neunzehn Jahre alt und damit achtzehn Jahre jünger als Heine. Das Mädchen, das aus dem Weiler Le Vinot in der Gemeinde La Trétoire, im

27

Osten von Melun im Departement Seine et Marne, stammt, soll mit fünfzehn oder sechzehn Jahren nach Paris gekommen sein und bei einer Tante als Verkäuferin gearbeitet haben. Hier soll sie Heine, der oft an dem Geschäft vorbeispaziert ist, kennengelernt haben.

Spaziergänge in Paris können auch gefährlich verlaufen. So hat das zufällige *face à face* mit Salomon Strauss, das im Juni 1841 an der Ecke Rue St. Marc und Rue de Richelieu, hinter der Passage des Panoramas, stattfand, einen Skandal ausgelöst, der nur durch ein Duell beigelegt werden konnte. Ebenfalls riskant ist eine der letzten Begegnungen mit Börne verlaufen, die in der zweiten Jahreshälfte 1832 bei einem gemeinsamen Spaziergang stattgefunden hat. Während die beiden Schriftsteller unter alten Kastanienbäumen in dem Tuileriengarten schlendern, fällt plötzlich ein morscher Ast herunter und verletzt Börne leicht. Dieses Glück im Unglück hatte Ödön von Horváth nicht: Er wurde 1938 auf den Champs-Élysées während eines Gewitters von einem abgebrochenen Ast erschlagen.

In der Regel bleibt das Promenieren durch Paris aber ohne böse Folgen. Es wird im Gegenteil zu einem Phänomen, das Heine mehrfach beschrieben hat. Gibt es eine typischere Figur urbanen Lebens als den Flaneur? Einmal ist der große Flaneur Heine beim Beobachten beobachtet worden. Dem Literaten Philarète Chasles verdanken wir eine Schilderung, die Heine am Nordende des Tuilerienpalasts, am Pavillon Marsan, zeigt (das Gebäude aus dem 17. Jahrhundert ist, wie der ganze Palast, beim Aufstand der Pariser Kommune 1871 zerstört worden, wurde aber 1874 rekonstruiert). Bei Wind und heftigem Platzregen ging Chasles auf die Pont Royal zu, die auf Höhe des Louvre über die Seine führt: »Da fiel mir dem Pavillon Marsan gegenüber ein kleiner blonder Mann auf, der, an die Brustwehr des Kai's gelehnt und seinen triefenden Hut mit einer Hand haltend, die Vorübergehenden musterte und dem Unwetter zusah. [...] Der Mann hatte in seinem ganzen Wesen etwas so Unbekümmertes und Schwermütiges, sein Blick war so lang gehalten und doch so beweglich, seine Neugier so gar nicht französisch, so echt germanisch träumerisch, die Sentimentalität, die aus seinem Gesichte sprach, so sonderbar mit Melancholie versetzt, daß er mir nicht aus dem Kopfe kam, als ich ihn längst aus den Augen verloren. [...] Ich sah ihn seitdem wieder, meinen deutschen Beobachter, ich sah ihn glänzend als Stern erster Größe, bewundert, gehaßt, eifrig gesucht und nachgeahmt: es war Heinrich Heine.«

Mit etwas Phantasie kann man ihn sich dort auch heute noch vorstellen, zwischen Pont Royal und Pont du Carrousel am Quai des Port du Louvre, lässig die Menschen betrachtend, fremd und zugleich doch ganz in seinem Element. Was sein besonderer Blick eingefangen hat, ist festgehalten in seinen Schriften, die für uns heute ebenso einen »besondern Reiz« haben wie er selbst einst für Philarète Chasles.

Wenn sich Heine ausdrücklich zu den »ächten Flaneurs« zählt, denkt man automatisch an das Opus magnum von Walter Benjamin. In seinem *Passagen-Werk* hat er nicht nur Paris zur »Hauptstadt des 19. Jahrhunderts« erklärt, sondern auch den Parisern das Kompliment ausgesprochen, sie hätten ihre Stadt »zum gelobten Land des Flaneurs« gemacht. Laut Benjamin konnten weder Rom noch London, sondern nur Paris diesen Typ hervorbringen. Dessen »Blütezeit« fällt in die Jahrhundertmitte und hat in Baudelaires Parisdichtung ›klassische‹ Gestalt angenommen.

Benjamin definiert den Flaneur als eine Figur, die in der Lage ist, im Gegenwärtigen Zeichen des Vergangenen und Entschwundenen wiederzufinden (mit Benjamins Worten: im Modernen die Spuren des Mythischen zu lesen). Wenn Benjamin nun die Moderne mit Baudelaire beginnen lässt, grenzt er die urbanen Erfahrungen aus, die Heine zwei Jahrzehnte früher gesammelt hat. Vieles trennt die Figur, wie sie von Benjamin entworfen wurde, von den Wahrnehmungen Heines. Stoßen und Gestoßenwerden gehören zu den großstädtischen Grunderfahrungen Baudelaires, der mit poetischen *chocks* die moderne Lyrik begründet hat. Dagegen betont Heine, wie höflich sich die Menschenmenge in Paris verhält. Einander auszuweichen und sich gegebenenfalls zu entschuldigen erscheint ihm als ein Zeichen von Zivilisiertheit. »Gab mir jemand unversehens einen Stoß, ohne gleich um Verzeihung zu bitten, so konnte ich darauf wetten, daß es ein Landsmann war.«

Ausgehen, *sortir*, gehört zu den größten Vergnügen, die eine Metropole bereiten kann. Erst Restaurants und Cafés geben ihr eine besondere Atmosphäre. In ihren Aufzeichnungen erinnern deutsche Freunde und Besucher hundertfach daran, wie sehr Heine gerade diese Seite von Paris geliebt hat. »Laßt uns die Franzosen preisen!«, heißt es schon in den *Reisebildern*, sie sorgen »für die zwey größten Bedürfnisse der menschlichen Gesellschaft, für gutes Essen und bürgerliche Gleichheit, in der Kochkunst und in der Freyheit haben sie die größten Fortschritte gemacht, und wenn wir einst alle, als gleiche Gäste, das große Versöhnungsmahl halten, und guter Dinge sind, – denn was gäbe es Besseres als eine Gesellschaft von Pairs an einem gutbesetzten Tische? – dann wollen wir den Franzosen den ersten Toast darbringen.«

Heine ist Gast der berühmten Restaurants Le Grand-Véfour und Véry gewesen. Über beide Lokale hat er äußerst lobende Worte gefunden, das Essen hier »verdiene kniend eingenommen zu werden«. Auch wenn die beiden Restaurants am Palais-Royal nicht zu seinen Stammlokalen gehört haben dürften, besitzt das teure Véfour doch den Vorteil, dass man dort heute immer noch »déjeunieren« kann. Das luxuriöse Lokal, das 1784 gegründet wurde, hat das eindrucksvolle Dekor aus der Restaurationszeit beibehalten und gehört immer noch zu den ersten Restaurants von Paris.

Im Gegensatz zu diesen Esstempeln scheint Heine das Le Rocher de Cancale öfter aufgesucht zu haben. Das damals wegen seiner exzellenten Austern und Fische bekannte Restaurant à la mode, das zentral in der Rue Montorgueil lag, wurde von der besseren Pariser Gesellschaft frequentiert, aber auch von Flaneuren, Grisetten und der Halbwelt. Bis 1845 befand es sich an der Hausnummer 59–61 (Ecke zur Rue Mandar). Es musste schließen, und 1846 eröffnete an der Nummer 78 (Ecke Rue Greneta) ein neues Lokal, das den berühmten Namen übernahm und das noch heute existiert. Balzac betrachtet das alte Le Rocher in einem Werk der *comédie humaine* sogar als Treffpunkt der besten Pariser Gesellschaft und würdigt es als Aushängeschild der französischen Küche. Heute befindet sich dort eine Reinigung. Heines Besuche dort konnten aus ganz spezifischen Anlässen erfolgen, wie Alexandre Weill festgehalten hat: »Zur Zeit, als Heine für französische Zeitschriften schrieb, die ihn übrigens sehr gut bezahlten – 1 franc die Zeile, ein für damalige Verhältnisse märchenhaftes Honorar – veranstalteten einige seiner Freunde und Mitarbeiter ein großes Essen, an welchem unter anderem Théophile Gautier, Gérard de Nerval und Lassailly teilnahmen. Man hatte verabredet, daß das Essen im ›Rocher de Cancale‹ stattfinden solle, und 50 francs pro Kopf angesetzt. – Das Essen verlief sehr heiter, so heiter, daß die meisten Gäste mehr als fröhlich waren, als sie vom Tisch aufstanden. An der Türe des Restaurants trifft Heine einen Bekannten. – ›Es will mir scheinen‹, sagt dieser, ›als hätten Sie sehr gut gespeist.‹ – ›Wir haben jeder fünfzig Zeilen verzehrt, mein Bester!‹«

In illustrer Gesellschaft und ähnlich lustiger Stimmung scheint es auch im Café und Restaurant Paolo Broggi zugegangen zu sein. Die Trattoria befand sich in der Nähe der Oper an der Rue Le Peletier 17. Als ehemaliger Koch des Komponisten und Küchenexperten Rossini hat Broggi (oder Brocci) wesentlich dazu beigetragen, die italienische Küche in Frankreich populär zu machen. Das Leibgericht des Komponisten war, nach einer Notiz Heines, Ravioli mit Parmesankäse. In diesem Restaurant fand im Dezember 1841 eine denkwürdige erste Begegnung statt. Der Maler Friedrich Pecht erinnert sich, dass ihn Heinrich Laube damals mit Richard Wagner und Heine bekanntgemacht und zu einem Diner mit der bildschönen Mathilde, der verblühten Frau Laube und der hausbackenen Frau Wagner ins Broggi eingeladen hat. In der ausgelassenen Stimmung dieses Lokals scheinen Heine und Théophile Gautier, gelegentlich auch mit Balzac, das Spezialmenü des Hauses genossen zu haben: »Man aß zwei Dutzend Austern mit Sauterne, die Flasche nur drei Franken, das Dutzend Austern sechzig Centimes, ein Kotelett à la Provençale, mit Knoblauch scharf gewürzt, Eisdessert, Käse und danach Schluß!« Heines Lieblingsgericht war aber Steinbutt mit Weinsoße.

Bei privaten Soireen muss sich Heine *très parisien* gefühlt haben. Laube betont in seinen Frankreich-Memoiren zum Beispiel, dass George Sand, Balzac, de Vigny, Victor Hugo und Jules Janin Heine wie einen *pair* behandelt haben. Auf einer Soirée bei dem Marquis de Custine, zu der ihn Heine mitgenommen hatte, konnte er belustigende Szenen beobachten: »Ich sah da auch wirklich Balzac, Lamartine, Herr und Frau von Girardin und tutti quanti, und mit allen scherzte er [Heine] wie ein eingeborener Franzose. Namentlich mit Balzac […]. Ich sah ihn [Balzac] erstaunt an, hörte ihm erstaunt zu, wie er im bequemsten Geschwätz mit Heine tändelte, dieser unerschöpfliche Beobachter der Menschen […].«

Es mag überraschen, wie intensiv der geborene Düsseldorfer an Pariser Karnevalsfeiern teilgenommen hat. Allerdings muss man daran erinnern, dass die Pariser zu Beginn der 30er so ausgelassen Karneval gefeiert haben wie nachher nicht mehr wieder – vor allem 1833 nach dem Ende der Choleraepidemie. Über die Saison von 1832, die sich gegen die anhaltende politische Krisensituation in Szene setzen musste, berichtet Heine im fünften Artikel der *Französischen Zustände*. Sein Essay betont mit Vergnügen, was für ein rebellisches Potenzial gerade im Mummenschanz des »Mardi-gras« stecken kann. Zwei Jahre nach der Julirevolution scheinen die Pariser zu neuem Aufruhr nicht zu müde geworden zu sein. Zehn Jahre später gehört die Polizei zum Karneval wie die Maske zu den Narren und belästigt die Tänzer. Heine bemerkt scharf: »Diese Bewachung der Volkslust charakterisirt übrigens den hiesigen Zustand der Dinge und zeigt, wie weit es die Franzosen in der Freyheit gebracht haben.«

Öffentliche Bälle gehörten zum urbanen Vergnügungsprogramm. Erlaubten sie nicht das unwiderstehliche Amüsement: Sehen und Gesehenwerden? So hat Heine an dem Ball teilgenommen, der von Louis-Philippe im Januar 1832 in den Tuilerien veranstaltet wurde. Jahre später hat selbst der schwerkranke Dichter noch seinen Spaß an einem *bal champêtre* finden können, der 1847 in Montmorency stattfand.

Nicht zuletzt haben Heine öffentliche Vergnügungsstätten angezogen, auf denen sich die gallische Lebensfreude ungehemmt entfalten konnte. In der Nähe der Champs-Élysées, an der Avenue Montaigne 49–53, lag der Bal Mabille, Hauptort der öffentlichen Bälle. Unter spektakulärer Beleuchtung amüsierten sich hier Grisetten und Dandys – aber auch Dumas, Balzac und Eugène Sue. Dort feierte die »Königin Pomare«, eine der berühmtesten Tänzerinnen der Halbwelt, ihre Triumphe, bevor sie sehr jung an Schwindsucht starb. Heine hat ihr das Gedicht »Pomare« gewidmet, das Mitte der 40er Jahre, also kurz vor dem Tod der Tänzerin, entstanden ist und in den *Romanzero* aufgenommen wurde. Ab 1840 wurde der Bal Musard in der Oper zu einer regelmäßigen Einrichtung. An Samstagen quoll die Passage de l'Opéra von maskierten Menschen über, die zu den Kostümbällen in die Oper gingen.

In den *Geständnissen* erwähnt Heine einen Besuch in der Grande Chaumière. Das Tanzlokal, das im Gartenareal an der Adresse 112–136, Boulevard de Montparnasse lag, gehörte zu den berühmtesten im damaligen Paris. Gewagte Tänze wie der »Robert-Macaire« oder die Polka wurden hier erstmals aufgeführt. In *Atta Troll* hat Heine den unbeholfenen, aber frechen Tanz der Gattin des Bären mit einem Cancan verglichen, wie er in diesem Lokal zu sehen war:

Ja, es will mich schier bedünken,
Daß sie manchmal cancanire
Und gemüthlos frechen Steißwurfs
An die Grand'-Chaumière erinn're.

1855 wurde das Lokal geschlossen. An seiner Stelle steht heute die Closerie des Lilas, die Anfang des 20. Jahrhunderts der Treffpunkt der Pariser Künstler und Intellektuellen gewesen ist.

Die poetische Verarbeitung der frühen Pariserfahrung hat eine neuartige Form von Lyrik hervorgebracht. Was als erste moderne Großstadtlyrik deutscher Sprache gilt, wurde nicht nur von konservativen, sondern auch von liberalen Kritikern als »Poesie der Hurerei« (Ferdinand Lassalle) oder »Poesie der Lüge« und als Dichtung mit »Bordelladressen« (Arnold Ruge) empört abgelehnt. Zwar verherrlichen die Gedichte des Zyklus »Verschiedene« aus den *Neuen Gedichten* freie Liebe ohne Sündenbewusstsein, und zwei der darin namentlich angeredeten Frauen könnten Boulevard-Göttinnen gewesen sein, aber Heine hat in Wirklichkeit Liebeserlebnisse aus verschiedenen Zeiten und Orten zu fiktiven Kunstfiguren verarbeitet. Seinen Kritikern hält er entgegen, dass den Deutschen »der Stoff selbst, die abnormen Amouren in einem Welttollhaus, wie Paris ist, unbekannt sind. Nicht die Moralbedürfnisse irgend eines verheuratheten Bürgers in einem Winkel Deutschlands, sondern die Autonomie der Kunst kommt hier in Frage. Mein Wahlspruch bleibt: Kunst ist der Zweck der Kunst, wie Liebe der Zweck der Liebe, und gar das Leben selbst der Zweck des Lebens ist.«

Die Menschenmenge der Boulevards gehört zu Heines

nachhaltigsten Erfahrungen. Als Flaneur ist es ihm gelungen, in Prosa ein sozialrevolutionäres Bild zu entwerfen, das so eindringlich wie ein Parisgedicht Baudelaires erscheint. In der Vorweihnachtszeit schlendert Heine wieder über die Boulevards und an den Schaufenstern vorbei, bevor er bemerkt, welch ungeheure Faszination die ausgestellten Waren bei den Menschen hervorrufen. Sein Artikel vom 11. Dezember 1841 verarbeitet dieses Erlebnis, indem er die Straßenszene in ein bedrohliches Bild umwandelt, das für deutsche Leser wie ein Menetekel der zukünftigen bürgerlichen Gesellschaft wirken muss. Er verfährt so, dass er in die Gesichter der Menschen blickt, die vor den ausgestellten »Luxus- und Kunstsachen« der Pariser Kaufläden stehen, und malt dann diese umstürzlerische Vision aus:

»Die Gesichter dieses Publikums sind so häßlich ernsthaft und leidend, so ungeduldig und drohend, daß sie einen unheimlichen Contrast bilden mit den Gegenständen, die sie begaffen, und uns die Angst anwandelt, diese Menschen möchten einmal mit ihren geballten Fäusten plötzlich dreinschlagen, und all das bunte, klirrende Spielzeug der vornehmen Welt mitsammt dieser vornehmen Welt selbst gar jämmerlich zertrümmern.«

EIN TAG IM LEBEN EINES DEUTSCHEN
SCHRIFTSTELLERS IN PARIS

»Ich bin übrigens fleißiger als sonst und zwar aus dem einfachen Grunde, weil ich in Paris sechsmal so viel Geld brauche als in Deutschland«, teilt Heine 1832 seinem Hamburger Freund Friedrich Merckel mit. In der Tat darf man sich nicht irreleiten lassen von der Vorstellung, Heine habe in der Seine-Metropole ein reines Boheme-Leben geführt. Wie in allen Phasen seiner Schriftstellerlaufbahn ist er auch hier stets ein ausgesprochen disziplinierter Arbeiter. Die Ablenkungsmöglichkeiten sind allerdings vielfältig. »Trotz der Zeitbedrängniß sieht es doch sehr lustig hier aus, und es kostet Ueberwindung an den Schreibtisch zu gehen«, bekennt er 1832.

Schon kurz nach der Übersiedlung Heines nach Paris begannen sich seine Freunde in Deutschland darüber zu beklagen, dass er ihnen so selten Briefe schreibe. Dem befreundeten Schriftsteller Johann Hermann Detmold gibt Heine 1835 eine einfache Erklärung dafür: »Ich stehe mit niemanden in Briefwechsel, aus dem Grunde weil ich nur kurz antworte auf lange Briefe, die mir nie lang genug sind. Ihr aber, was Ihr nie bedenkt, seyd im geruhsamen Deutschland, wo jeder Tag 25 Stunden hat; ich aber bin an einem Ort, wo die Zeit selber sich kaum die Zeit nimmt zu verfließen. Ich habe hier gar keine Zeit. Sie können sich keinen Begriff davon machen, wie viel zerstreuende Erscheinungen mich umwogen, wie viel Noth, Unsinn, Lebenskampf, Liebe, Haß und † mir um die Ohren saust.«

Zwar klagt Heine selbst gelegentlich, er sei »ein gehetzter Hund«, aber das vorherrschende Gefühl, keine Zeit zu haben, rührt eher von der Vielzahl der Ereignisse und Personen her, mit denen er sich beschäftigt, und weniger davon, dass sein Leben von Hektik oder Terminhatz geprägt wäre.

Wir wissen nicht genau, wie Heines Arbeitstag am Schreibtisch ausgesehen hat. Aber wir können den Verlauf seines Pariser Alltags nach Verlassen seiner Wohnung in groben Zügen rekonstruieren. Projiziert man Aussagen aus Werk und Korrespondenz auf einen Tag und ergänzt sie mit Zeugnissen Dritter, werden seine Gewohnheiten erkennbar, sodass man sich zumindest schrittweise an seine Spuren heften kann. Berücksichtigt man ferner die verschiedenen Möglichkeiten, die sich einem Schriftsteller und Flaneur beständig boten, so lässt sich das Modell einer *sortie parisienne* nachzeichnen, wie sie vielleicht in den 30er und 40er Jahren typisch für Heine gewesen ist.

Ob Heine in seinen ersten Pariser Jahren aus einem Hotel Rive gauche oder aus seiner Wohnung Rue de l'Echiquier aufbricht, fast alle Wege führen ihn eher früher als später in Richtung Palais-Royal. Kommt er von Norden und hat die Rue des Petits Champs überquert, muss er noch ein paar Stufen herabsteigen, um die Galerien der Gartengebäude des Palais zu betreten. Der Palais-Royal mit seinem großen, rechteckigen Garten war damals alles in einem: Treffpunkt der Flaneure und Kauflustigen, Informationsbüro für Journalisten, Sitz der Theateragenturen, die Schauspieler vermittelten, Anlaufstelle für Reisende und Glücksritter aller Art, zudem gewissermaßen ein in den urbanen Raum hinein erweiterter Salon sowie Schauplatz jeder Art von Vergnügungen, auch der dubiosen – eine überdachte Stadt in der Stadt, die in Europa nicht ihresgleichen hatte und bei den ausländischen Besuchern Bewunderung und Staunen hervorrief. Als sich Heine regelmäßig hierhin begab, erlebte er die letzte Blütezeit des Palais-Royal, denn bald geriet dieser Ort mit großer Tradition in Vergessenheit. Heute noch bestechen seine Galerien und Gärten durch ihre unvergleichlich ruhige und friedliche Atmosphäre mitten in Paris und laden zum Flanieren wie zum Verweilen ein. Die kleinen, zum Teil verstaubt wirkenden Boutiquen stellen immer noch altmodische Waren aus – auch wenn immer mehr von ihnen durch neumodische Geschäfte ersetzt werden. Aber zwischen Teesalons, Restaurants und Modegeschäften schlendert man immer noch an Läden vorbei, die Schmuck, Antiquitäten, Münzen, Orden, Briefmarken, Kupferstiche, Musikinstrumente oder Zinnsoldaten anbieten.

Der nach dem nahe gelegenen Louvre zweitgrößte königliche Palast in Paris war von 1692 bis 1848 im Besitz des Hauses Orléans, einer Nebenlinie der Bourbonen. Wie es dort vor den baulichen Veränderungen, die zuerst den Palais selbst betrafen, aussah, hat Denis Diderot in seinem Roman *Le Neveu de Rameau* auf unvergessliche Weise beschrieben.

Der fünfte Herzog von Orléans, Vater des späteren Bürgerkönigs Louis-Philippe I., der zu Heines Pariser Zeit regierte, litt unter Geldmangel. Zwischen 1781 und 1784 ließ er deshalb drei Seiten des Gartens mit sechzig identisch aussehenden Pavillons umbauen und zum Verkauf beziehungsweise zur Vermietung anbieten. Die Pavillons bestanden – und bestehen – aus einem Erdgeschoss und einer Etage mit Balustrade. Neben dem Erdgeschoss befinden sich in Richtung Garten die offenen Galerien. Die neuartigen Boutiquen in den Galerien zogen viele Neugierige an und sorgten für ein buntes Treiben in den Alleen. Die Pariserinnen und Pariser promenierten fortan nicht mehr länger auf der Pont-Neuf oder in der Galerie Mercière des Justizpalasts, sondern im Palais-Royal.

Die Nordseite der Schlossgebäude selbst, die heute drei hohe staatliche Einrichtungen beherbergen, war 1784 aus Geldmangel nur provisorisch mit den berühmten *galeries de bois*, den Holzgalerien, abgeschlossen worden. Balzac hat das Treiben, das hier herrschte, in seinem epochalen Werk *Les Illusions perdues* (1837–1843) genau geschildert. Jedoch gehörten nicht nur Schaulustige zu den *habitués* des Palais-Royal. Da der Polizei Zutritt zu diesem Ort untersagt war, wurde er während der Großen Revolution zum Anziehungspunkt von Tout Paris. Ab Februar 1789, zur Residenzzeit von Philippe d'Orléans (als Anhänger der Revolution nannte er sich Philippe-Egalité), wurden Lesekabinette unter den Arkaden eröffnet, und es bildeten sich öffentliche Debattenzirkel. Vor dem Café de Foy hat Camille Desmoulins am 12. Juli 1789 seine berühmte Ansprache gehalten und zum bewaffneten Widerstand aufgerufen, und auch zu Heines Zeit war hier ein Zentrum des öffentlichen politischen Lebens, wo, wie er 1831 schrieb, im Freien, »unter den hübschen Bäumen sich die eifrigsten Politiker versammeln, die Blätter vorlesen, in wüthenden Gruppen debattiren und ihre Inspirazionen nach allen Richtungen verbreiten«. Eindrucksvoll ist die Schilderung Ludwig Börnes aus dem Jahre 1823:

»Für einen Sittenmaler gibt es keinen reichern Anblick als der Garten des Palais Royal in den Vormittagstunden. Tausend Menschen halten Zeitungen in der Hand und zeigen sich in den mannigfaltigsten Stellungen und Bewegungen. Der eine sitzt, der andere steht, der dritte geht, bald langsamern, bald schnellern Schrittes [...]. Andere stehen an Bäume gelehnt, andere an den Geländern, welche die Blumenbeete einschließen, andere an den Pfeilern der Arkaden. Der Metzgerknecht wischt sich die blutigen Hände ab, die Zeitung nicht zu röten, und der ambulierende Pastetenbäcker läßt seine Kuchen kalt werden über dem Lesen. Wenn einst Paris auf gleiche Weise unterginge, wie Herkulanum und Pompeji untergegangen, und man deckte den Palais Royal und die Menschen darin auf, und fände sie in derselben Stellung, worin sie der Tod überrascht – die Papierblätter in den Händen wären zerstäubt – würden die Altertumsforscher sich die Köpfe zerbrechen, was alle diese Menschen eigentlich gemacht hatten, als die Lava über sie kam.«

Die Holzgalerien wurden 1828 abgerissen und bis 1831 durch die nüchterne Galerie d'Orléans mit ihrer doppelten Säulenreihe ersetzt. Das war der Anblick, der sich Heine zu Beginn seiner Pariser Zeit bot – und der sich heute immer noch bietet. Heine konnte noch an Hunderten Geschäften aller Art, an Auslagen mit Luxusartikeln, an Buchhandlungen und Schmuckläden vorbeischlendern, und im Inneren war die Auswahl noch einmal so groß. Am Abend, wenn sich das Geschehen vom Park ganz in das hellerleuchtete Innere des Palais-Royal verlagerte, durften sich dort auch die »Schnelläuferinnen der Liebe« zeigen, und es gab, wie ein Zeitgenosse schreibt, »keinen bewegteren Anblick als die Gallerie d'Orleans, eine Welt von Spazierengehenden unter ihrer weiten Kuppel von Kristall einschließend«.

Heine konnte auch noch das berühmte Eiscafé Corazza, das einst den Jakobinern als Stammquartier gedient hat, oder das

Café de Foy aufsuchen (Galerie Montpensier 7–12 und 57–60). Als das eleganteste Etablissement galt das heute ebenfalls nicht mehr existierende Café des Milles Colonnes (Galerie Montpensier 36), unter dessen Kristallkuppel ein raffiniertes Arrangement von Spiegeln dafür sorgte, dass die zwanzig Säulen, die dort standen, sich zu vervielfachen schienen. Aber Heine musste auch erleben, wie König Louis-Philippe am 1. Oktober 1831 den Palais-Royal verließ und in das Tuilerien-Schloss umzog sowie Ende Dezember 1836 die Spielhallen schließen und die Prostituierten vertreiben ließ. Damit war das Schicksal des ehemaligen urbanen Zentrums besiegelt. 1848 ging der Besitz dem Haus Orléans endgültig verloren.

Was Heine morgens zum Palais-Royal zog, war vor allem die Gelegenheit zu zwanglosen Zusammentreffen mit Bekannten, Freunden und Kollegen. Für einen Beobachter wie Heine gab es schlicht keinen besseren Ort, früher oder später musste man hier einfach jedem begegnen. Insofern war es also wie selbstverständlich, dass man jemanden, dessen aktuelle Adresse man nicht kannte, im Palais-Royal anzutreffen versuchte oder zumindest hoffen konnte, dort Auskünfte über ihn zu bekommen. Als der Bruder von Heines Berliner Freund Moses Moser im Mai 1831 nach Paris reiste, gab Moser ihm ein Empfehlungsschreiben für Heine mit, dessen schlichte Adressangabe lautete: »Herrn Dr Heinrich Heine / in / Paris / anzutreffen im Palais-Royal / bei – – –«. Dort erfuhr Mosers Bruder dann offenbar das Nötige: Er selbst oder jemand anders notierte die Anschrift des gerade erst nach Paris gekommenen Heine auf dem Schreiben, worauf der Brief wie auch sein Überbringer ihr Ziel erreichten.

Neben diesen Möglichkeiten der Begegnung war es in

erster Linie der Austausch mit deutschen Kollegen, der ihn hierherzog. Eine der Hauptattraktionen für sie waren die unter den Arkaden und jenseits des Gartens in großer Zahl vorhandenen Lesekabinette, die Heine wie alle anderen regelmäßig zur Zeitungslektüre zum Palais-Royal gelockt haben, wie die *cabinets* in der ganz nah gelegenen Galerie Vivienne und der Rue Vivienne oder direkt in der Galerie Montpensier.

Diese *cabinets*, die seit Mitte des 16. Jahrhunderts bestanden, waren weit verbreitet. Sie erlaubten ihren Benutzern, für wenige Sous mehrere Stunden lang alle Neuerscheinungen zu lesen. Hatten 1807 schon mehr als 150 literarische *cabinets* in Paris bestanden, so erlebten sie während der Restauration ihren Höhepunkt: Zwischen 1815 und 1830 sind 463 *cabinets* bekannt geworden. Die größte Dichte bestand im Palais-Royal und in dessen Umgebung. Dort gab es auch spezielle deutsche Lesekabinette, die Buchhandlungen angeschlossen waren. Dazu gehörte zum Beispiel Heideloff und Campe (Rue Vivienne 16). Einer der Teilhaber der Buchhandlung Heideloff und Campe war Friedrich Napoleon Campe, ein Neffe von Heines Verleger Julius Campe. Hierhin ließ Heine sich oft die Belegexemplare seiner in Hamburg erschienenen Bücher schicken – dass das oft recht spät geschah, war ein Ärgernis für den Autor, der Julius Campe zum Beispiel im April 1835 empört vorwarf: »[…] noch auf diese Stunde habe ich meine Exemplare vom 2ten Salon nicht erhalten und mußte für mein armes Geld bey Heideloff ein Exemplar kaufen!« Zu Heideloff und Campe gehörte auch ein kleiner Verlag für deutschsprachige Bücher, in dem Heine unter anderem 1833 seinen Essay *Zur Geschichte der neueren schönen Literatur in Deutschland* erscheinen ließ, der 1836 zur *Romantischen Schule* erweitert wurde.

Eines der größten Lesekabinette mit dazugehöriger Buchhandlung am Palais-Royal war Galignani an der Rue Vivienne 18. Es war 1801 vor allem für die zahlreichen in Paris lebenden Engländer gegründet worden, die hier eine große Auswahl an Büchern und Zeitschriften vorfanden, sodass Galignani ein wichtiger Treffpunkt für die in Paris lebenden Ausländer wurde. Im angeschlossenen Verlag erschien mit *Galignani's Messenger* die wichtigste englischsprachige Tageszeitung auf dem Kontinent. 1856, in Heines Todesjahr, zog Galignani in die Rue Rivoli 224, wo sich diese traditionsreiche Buchhandlung auch heute noch befindet.

»Wenn man bei Galignani in der Rue Vivienne, oder in einem der Lese-Institute im Palais-Royal einen etwas untersetzten Deutschen sieht, mit dunklem Haare, langem Ueberrocke, sehr nachlässiger Cravatte, listigem, stechendem, aber ziemlich gutmüthigem Auge, der hastig eintritt, von einem Stuhle und aus einem Zimmer zu dem andern eilt, so viel deutsche Zeitungen als möglich, auf diesen Hin- und Herzügen zusammenrafft, die Pariser Privatcorrespondenz in ihnen durchfliegt, und, wenn Alles durchgesucht und durchgelesen ist, die neuen Gesichter fixirt, ob vielleicht ein bekanntes deutsches darunter sey – ich sage, wenn man einen solchen Menschen dort umherkreisen sieht, so kann man Hundert gegen Eins wetten, es ist Heinrich Heine.« So erinnerte sich der deutsche Schriftsteller Eduard Beurmann. In seinen *Französischen Zuständen* berichtet Heine mehrfach über Wechselwirkungen zwischen französischer und englischer Politik; die Presseinformationen dazu las er bei Galignani.

War das tägliche »Morgengebet« des modernen Intellektuellen, wie Hegel die Zeitungslektüre genannt hat, beendet, konnte man sich abwechslungsweise wieder den Galerien mit ihren Cafés und dem Garten zuwenden. Anfangs traf sich Heine noch oft mit dem seit ihrem früheren Frankfurter Zusammensein verehrten Ludwig Börne, der schon 1830 nach Paris übergesiedelt war. Die beiden führenden Schriftsteller der antifeudalen deutschen Opposition verständigten sich wahrscheinlich schnell. Ein kleines Restaurant in der Rue Valois 6 und 8, Bœuf à la mode genannt, bot exzellentes Essen zu niedrigen Preisen an. Im Essraum, der durch Laubengänge eingegrenzt war, konnte man die provenzalische Küche genießen. Die beiden Autoren können sich hier über gemeinsame Freunde austauschen, über ihre Diners im Hause Valentin oder über gemeinsame Besuche von Musikveranstaltungen. Außerdem plante Börne in jener Zeit, mit Heine ein Journal herauszugeben. Stoff zu Tischdiskussionen bietet ihre Einstellung zu anderen deutschen Patrioten an, die in Paris eine Zweigstelle ihrer Bewegung zur Unterstützung der freien Presse in Deutschland gründen wollen.

Börne berichtet seiner Frankfurter Freundin Jeanette Wohl haarklein jede Äußerung Heines, die ihm missfällt. Und Heine empfindet die Tischgespräche wegen der inquisitorischen Art Börnes als unerquicklich und erinnert sich später: »[…] ich rächte mich dafür, indem ich für die Gegenstände des Börneschen Enthusiasmus eine übertriebene, fast leidenschaftliche Gleichgültigkeit affektirte. Z. B. Börne hatte sich geärgert, daß ich gleich bey meiner Ankunft in Paris nichts Besseres zu thun wußte, als für deutsche Blätter einen langen Bericht über die damalige Gemälde-Ausstellung zu schreiben. Ich lasse dahin gestellt seyn, ob das Kunstinteresse, das mich zu solcher Arbeit trieb, so ganz unvereinbar war mit den revoluzionären

Interessen des Tages; aber Börne sah hierin einen Beweis meines Indifferentismus für die heilige Sache der Menschheit, und ich konnte ihm ebenfalls die Freude seines patriotischen Sauerkrauts verleiden, wenn ich bey Tisch von nichts als von Bildern sprach, von Roberts Schnittern, von Horaz Vernets Judith, von Scheffers Faust.«

Das Bœuf à la mode, in dem diese Worte gefallen sein könnten, scheint Heine übrigens nicht nur mit Börne aufgesucht zu haben. Seit 1847 ist das Restaurant verschwunden, aber nicht ganz: Ein mit den französischen Nationalfarben dekorierter Ochsenkopf diente seinerzeit als Wirtshausschild, und auf einem leicht verwitterten Holzquerbalken erinnern heute noch immer schwache Reste dieses Tieremblems, dessen Anblick Heine einst Sättigung und Genuss verhieß, an die große Vergangenheit.

Gut möglich, dass Heine und Börne nach dem Mittagessen noch Lust hatten, zusammen durch die Gärten der Tuilerien zu spazieren. Heine erfreute sich stets an den dort aufgestellten antiken Skulpturen. Börne und Heine konnten sich 1832 in den Tuilerien zusammen über eine kleine, symbolträchtige Baumaßnahme aufregen: Louis-Philippe hatte sich in seiner neuen Residenz vor der Nähe Unbefugter unter seinen Fenstern schützen wollen und von dem berühmten, durch Le Nôtre angelegten Garten ein kleines Privatgärtchen als eine Art Schutzwall abtrennen lassen. Für Heine eine »kolossale Thorheit«, weil der König damit einen Graben zwischen sich und dem Volk gezogen hat, für Börne Ausdruck der Angst des Königs vor Volksaufständen.

Die Erinnerung an einen Tuilerien-Spaziergang mit dem Kollegen und Kontrahenten verdichtet Heine 1837 in seiner

Denkschrift *Ludwig Börne* zu einer symbolischen Szene. Er lässt Börne sagen: »›[…] diese Kastanienbäume, hier in den Tuilerien, ist es nicht als sängen sie heimlich die Marseillaise, mit ihren tausend grünen Zungen? […] dort gegenüber grüßt uns die Place Louis XVI, wo das große Exempel statuirt wurde … Und zwischen beiden, zwischen Schloß und Richtplatz […] der heilige Wald, wo jeder Baum ein blühender Freyheitsbaum …‹ An diesen alten Kastanienbäumen in dem Tuileriengarten sind aber mitunter sehr morsche Aeste, und eben in dem Augenblicke, wo Börne die obige Phrase schließen wollte, brach mit lautem Gekrach ein Ast jener Bäume, und mit voller Wucht aus bedeutender Höhe herunterstürzend, hätte er uns beide schier zerschmettert, wenn wir nicht hastig zur Seite sprangen. Börne, welcher nicht so schnell wie ich sich rettete, ward von einem Zweige des fallenden Astes an der Hand verletzt, und brummte verdrießlich: ›Ein böses Zeichen!‹«

Wenn Heine geschäftlichen Verpflichtungen oder den Interessen eines Schriftstellers nachkommen wollte, konnte er das manchmal gut im Anschluss an einen morgendlichen Aufenthalt im Palais-Royal tun. Wenn er etwa den Musikverleger Maurice (Moritz Adolph) Schlesinger aufsuchen wollte, in dessen Zeitschrift er manchmal publizierte und bei dem Vertonungen seiner Gedichte erschienen, musste er nur die direkt angrenzende Rue de Richelieu entlanggehen. Im Haus mit der Nummer 97 (heute befindet sich dort der Eingang zu der 1860 eingeweihten Passage des Princes) residierte der in Berlin geborene Schlesinger, den Heine mit Recht den Pariser »Musikantenbeherrscher« nannte. Er war nicht nur der Verleger Meyerbeers, sondern fast aller renommierten Komponisten in jener Zeit. Als Konzertveranstalter und Inhaber der *Gazette Musicale* (ab 1835 *Revue et Gazette Musicale*) hatte er maßgeblichen Einfluss auf Erfolg oder Misserfolg der in Paris auftretenden Virtuosen, und dort, in seinem Büro, konnte Heine, wie er 1843 schrieb, »[…] so recht mit eignen Augen ansehen, wie ihm jene Berühmten unterthänig zu Füßen lagen und vor ihm krochen und wedelten, um in seinem Journale ein bischen gelobt zu werden; und von unseren hochgefeyerten Virtuosen, die wie siegreiche Fürsten in allen Hauptstädten Europas sich huldigen lassen, könnte man wohl in Berangers Weise sagen, daß auf ihren Lorbeerkronen noch der Staub von Moritz Schlesingers Stiefeln sichtbar ist«.

Treffen mit seinen Pariser Verlegern erforderten meist andere Wege als die zum Palais-Royal. Hatte Heine sich zum Beispiel mit Victor Bohain in der Redaktion des *L'Europe littéraire* verabredet, musste er sich zur Chaussee d'Antin im 2. Bezirk begeben. Gleich zu Beginn seiner Pariser Zeit war er mit diesem Publizisten bekanntgeworden, der ihn zur Mitarbeit an seinem Journal eingeladen hatte, an dem die bekanntesten Schriftsteller mitwirkten. In Nr. 1 der Zeitschrift erschien im März 1833 auf Französisch der erste Beitrag von Heines mehrteiliger Serie über die aktuelle deutsche Literatur (später *Romantische Schule*). »Eine Art Athenäum für die Schöngeister von Paris« nannte der dänische Märchendichter Hans Christian Andersen das Büro des *L'Europe littéraire*, das er im Sommer 1833 aufsuchte und wo er zufällig Heine antraf. Zu solchen Begegnungen kam es hier häufig, und der Aufenthalt in dieser Redaktion konnte leicht von einem Arbeitstreffen in eine Geselligkeit übergehen, die dann bis zum Abend andauerte. Als Geschäftsmann war Bohain eher unzuverlässig, und seine in großem Stil operierende Zeitschrift hatte eine ausgesprochen kurze Lebensdauer. Dennoch hat Heine ihm 1854 in seinen *Geständnissen* eine ebenso warmherzige wie ironische Hommage gewidmet: »Ich erinnere mich mit Freude dieser jovialen, geistreichen Figur, die durch liebenswürdige Anregungen viel dazu beytrug, die Stirne des deutschen Träumers zu entwölken und sein vergrämtes Herz in die Heiterkeit des französischen Lebens einzuweihen. […] die *Europe littéraire* war eine vortreffliche Concepzion, ihr Erfolg schien gesichert, und ich habe ihren Untergang nie begriffen. Noch den Vorabend des Tages, wo die Stockung begann, gab Victor Bohain […] einen glänzenden Ball, wo er mit seinen dreyhundert Actionären tanzte, ganz so wie einst Leonidas mit seinen dreyhundert Spartanern den Tag vor der Schlacht bey den Thermopylen. […] Wanderer! wenn du in Paris die Chaussée d'Antin nach den Boulevards herabwandelst, und dich am Ende bey einem schmutzigen Thal, das die *Rue basse du rempart* geheißen, befindest, wisse! du stehst hier vor den Thermopylen der *Europe littéraire*, wo Victor Bohain heldenkühn fiel mit seinen dreyhundert Actionären!«

Zur gleichen Zeit wie Bohain hat Heine auch François Buloz kennengelernt. Der Leiter der 1829 von ihm selbst gegründeten *Revue des Deux Mondes*, deren Redaktion auf dem linken Seine-Ufer in der Rue Bonaparte 19 lag – später ist sie in die Rue Saint-André-des-Arts, dann in die Rue Saint-Benoit 20 umgezogen, wo sich heute die Filiale einer Restaurantkette befindet –, hatte Heine damit beauftragt, den Franzosen die Entwicklung der deutschen Geistesgeschichte von Luther bis Hegel zu erklären. Das wohl bedeutendste französische Periodikum dieser Zeit wurde auch das wichtigste Pariser Publikationsorgan für Heine. Die Freundschaft zu Buloz und Bohain war insbesondere in den ersten Pariser Jahren Heines von großer Bedeutung, denn durch sie knüpfte er wichtige Kontakte und fand schneller als die meisten anderen Ausländer Zugang zur literarischen Szene von Paris.

Das galt auch für den Buchhändler und Verleger Eugène Renduel, der sich nicht weit entfernt, in der Rue des Grands Augustins 22, angesiedelt hatte (1837 zog er um die Ecke, Rue Christine 3). Mit Renduel schloss Heine schon 1833 einen Verlagsvertrag über eine Gesamtausgabe, die zwischen 1833 und 1835 erschien und einen Meilenstein für die Aufnahme seines Werkes in Frankreich darstellte. Eugène Renduel war zu dieser Zeit der wohl renommierteste französische Verleger. Théophile Gautier, Victor Hugo, Gérard de Nerval, George Sand, Alexandre Dumas, Alfred de Vigny – was Rang und Namen hatte, fand sich früher oder später in seinem Verlagsbüro ein. Nach den Besprechungen mit Verlegern oder auch dem Mittagessen mit Kollegen hatte Heine, ganz gleich, in welchem Arrondissement er sich befand, die Wahl, entweder zu den Grands Boulevards zu gehen und durch die Passage des Panoramas zu flanieren oder die bei der Zeitungslektüre und den Gesprächen gewonnenen Anregungen zu Hause am Schreibtisch zu verarbeiten. Das dafür nötige Rüstzeug konnte er sich unterwegs besorgen. Er bevorzugte zu Beginn der 30er Jahre Papier der Marke »Weynen«, das von allgegenwärtigen Straßenverkäufern feilgeboten wurde. Da Heine aber meist größere Mengen benötigte, wird er das Depot der Firma aufgesucht haben, das nur einen Kilometer von seiner Wohnung in der Rue de l'Echiquier entfernt in der Rue Neuve-Saint-Marc (heute Rue Saint-Marc) lag, also in unmittelbarer Nähe zur Passage des Panoramas. Mit Papier ausgestattet, konnte er sich dann von dort aus an seinen Schreibtisch begeben.

Wenn er zuvor noch Bankgeschäfte erledigen wollte, so wendete er seine Schritte zur ebenfalls sehr nahe gelegenen Ecke Boulevard des Italiens/Rue d'Artois (heute Rue Laffitte), wo sich das Bankhaus Laffitte & Comp. befand. Dorthin ließ er sich beispielsweise 1837 das Honorar für seine Einleitung zu einer Prachtausgabe des *Don Quijotte* überweisen. In unmittelbarer Nähe, Rue Faubourg Poissonnière 15, war auch das Bankhaus Julius Cohn angesiedelt, über das er im selben Jahr Honorarzahlungen von Julius Campe abwickeln ließ. Das Bankhaus Auguste Leo, das sich an der Rue Louis le Grand 11 befand, gab er seinem Verleger ebenfalls häufig für dessen Zahlungen an.

Suchte Heine, statt zu Hause zu arbeiten, die Gesellschaft deutscher oder anderer Kollegen, musste er in die Galerie Valois des Palais-Royal zurückkehren. Im Café Valois hatte Joseph Savoye, deutscher Publizist und Diplomat in französischem Dienst, ein Kabinett gegründet, in dem sich zwischen drei und fünf Uhr nachmittags alle deutschen Zeitungskorrespondenten ein Stelldichein zu geben pflegten, um einträchtig nebeneinander ihre Artikel zu verfassen. »Auf einem Tisch«, erinnert sich der mit Heine befreundete Schriftsteller Alfred Meissner, »waren an die fünfzig Zeitungen, französische und fremdländische, aufgelegt; es war für Tintenfässer und Federn gesorgt; die Herren lasen, schrieben ihre Berichte und trugen sie dann eigenhändig auf die unfern gelegene Post der Börse.«

Zusammenkünfte oppositioneller Schriftsteller weckten auch immer das besondere Interesse von Geheimagenten, die die Aktivitäten der – zwangsweise oder freiwillig – emigrierten Autoren in Paris ebenso aufmerksam wie argwöhnisch beobachteten. Ein österreichischer Spion etwa berichtete seiner

Regierung 1840 von den regelmäßigen Treffen deutschsprachiger Zeitungsleser: »[...] und zwar im Café Valois, galerie vitrée du Palais-Royal. Hier werden aus gemeinsamen Kosten zwölf deutsche politische und literarische Blätter gehalten. Alle Flüchtlinge versammeln sich hier. Nebenbei kommen auch andere Deutsche dahin. Namentlich Sprachlehrer, Literaten und Handelskommis. [...] Heine selbst spielt eine große Rolle daselbst. Diese Zusammenkunft fängt schon an sich aufzulösen, da nur der kleinere Teil die eingegangenen pekuinären Verpflichtungen einhält. Die Versammlung hat täglich abends von 7 bis 10 Uhr statt.«

Nun hatten Flüchtlinge, von denen hier die Rede ist, naturgemäß wenig Geld, dennoch klingt in diesem Zeugnis auch schon der Niedergang der Lesekabinette an, die fast gleichzeitig mit dem Palais-Royal ihre volle Bedeutung verloren. Mitte der 30er Jahre gab es erste Tageszeitungen, die nur noch fünf Sous kosteten und den *cabinets* ihre Leser wegnahmen (zum Beispiel *La Presse* und *Le Siècle*).

Wenn es Abend wurde in Paris, boten sich Heine viele verschiedene Möglichkeiten. Literarische Salons, Schauspiel, Oper – hier gingen dann Arbeit und Vergnügen für ihn ineinander über, denn was er dort erlebte, ist immer auch Gegenstand seiner Schriften. Bei allem Glanz, der dort verbreitet wurde, blieb er aber stets ein wenig reserviert und erkannte, dass auch für andere Beteiligte das Vergnügen nicht rein war. 1846 schrieb er in einem Brief: »Hier in Paris lebt man nur äußerlich froh und lachend, die Herzen sind sehr verdrießlich und müde von den Tagesgeschäften. Es giebt genug Bälle, Gesellschaften, Conzerte, aber diese Vergnügungen sind ebenfalls ein Geschäft, dem man sich nicht entziehen kann, weil doch am Ende die Frauen ihren Putz zeigen müssen und die Männer sich gern einander weiß machen wollen sie hätten nichts zu thun und seyen vornehme Müßiggänger. Sie haben keinen Begriff davon wie viel man hier in Paris arbeitet und im Grunde ernsthaft ist.«

Heine führte keine abgeschiedene Schriftstellerexistenz wie zuvor in Deutschland, sondern erlebte im Alltag Geselligkeit, Anregung, Anerkennung, Austausch. All das machte die besondere Arbeitsatmosphäre für ihn aus und fand seinen Niederschlag in seinen lebendigen, stets von Dialogen und Personenvielfalt geprägten Pariser Werken. Hatte er sich in Deutschland in seiner Schriftstellerrolle zwangsläufig am Rande der Gesellschaft befunden, so war er in Paris gerade dadurch mittendrin. Er hat es gewissermaßen am eigenen Leib erfahren: »Der französische Schriftsteller lebt beständig in der Gesellschaft, und zwar in der großen; mag er auch noch so dürftig und titellos seyn. Fürsten und Fürstinnen kajoliren den Notenabschreiber Jean Jacques, und im pariser Salon heißt der Minister *Monsieur* und die Herzoginn *Madame*.«

ALS REPORTER IN PARIS

Als Heine nach Paris übersiedelte, stand er vor einem beruf-
lichen Neuanfang. Der Erfolg seiner *Reisebilder* hatte ihn in
eine Sackgasse gebracht, denn er war zu einer öffentlichen
Reizfigur geworden. Der Weg in einen bürgerlichen Beruf war
ohnehin verbaut, hinzu kam, dass es unter den sich verschär-
fenden Zensurbedingungen und der besonderen Beobachtung,
welche die deutsche Obrigkeit ihm zuteilwerden ließ, schwie-
riger wurde, das auszuüben, was er als sein demokratisches
»Sprechamt« verstand: in die Arena der Zeitkämpfe zu stei-
gen und sich in die Auseinandersetzungen des Tages einzumi-
schen, die einen deutschen Dichter nach Ansicht vieler seiner
Zeitgenossen doch sowieso gar nichts angingen. »Es ist die
Zeit des Ideenkampfes, und Journale sind unsre Festungen«,
hatte Heine schon 1828 erklärt, insofern war die neue schrift-
stellerische Aufgabe, die er nun in Paris ergriff, konsequent
gewählt: Er wurde Zeitungskorrespondent. Es war ein Schritt,
der nicht nur seine eigene Arbeit, sondern gleich die gesamte
deutsche Literatur verändern sollte, denn seine zeitgeschichtlichen Korrespondenzen aus dem postrevolutionären Paris
sollten die Grenzen dieser Gattung weit überschreiten. Sie
unterschieden nicht mehr zwischen Reportage und Literatur,
objektiver Beschreibung und subjektiver künstlerischer Gestaltung. Aus Sicht der Literaturhistoriker beginnt mit Heines
Weg nach Paris deshalb die Geschichte des modernen politischen Feuilleton-Journalismus.

Dass ein Liederdichter Zeitungsschreiber wurde und auf

beiden Gebieten Bahnbrechendes leistete, ist mehr als ungewöhnlich und wurde von Heines Zeitgenossen durchaus skeptisch beurteilt. Man sah darin einen Widerspruch. Heine selbst hat dagegen stets betont, »daß meine poetischen, ebenso gut wie meine politischen, theologischen und philosophischen Schriften, einem und demselben Gedanken entsprossen sind, und daß man die einen nicht verdammen darf, ohne den andern allen Beyfall zu entziehen«. Wenn Börne ihm 1833 vorwirft, er habe seine *Französischen Zustände* als »ein Künstler, ein Dichter« geschrieben, bringt er damit im Grunde gerade die besondere Qualität von Heines Publizistik auf den Punkt. Die Moderne, die sich in Paris vor seinen Augen entfaltet, braucht auch eine moderne Schreibweise, und die kann nur eine künstlerische sein.

»Ich erlebe viel Große Dinge in Paris, sehe die Weltgeschichte mit eigenen Augen an, verkehre amicalement mit ihren größten Helden und werde einst, wenn ich am Leben bleibe, ein großer Historiker«, schrieb er im August 1832 begeistert an einen Freund, wobei der Begriff »Historiker« nach heutigem Verständnis eher dem des »Zeithistorikers« entspricht, denn Heine verstand seine Arbeit als »Geschichtschreibung der Gegenwart«. Es liegt vor allem an dieser neuen Rolle als Korrespondent und Vermittler zwischen Deutschland und Frankreich, dass die prekäre Lage »auf der Spitze der Welt«, von der er dem Freund Varnhagen skeptisch geschrieben hatte, sich am Ende als genau der rechte Platz für ihn erweisen sollte. Als Varnhagen die ersten Produkte von Heines neuer Arbeit liest, kann er sich bestätigt fühlen und schreibt ihm zufrieden »[…] der Reiz dieser lebendigen, raschen, wechselvollen, nahrungsreichen Thätigkeit ist übergroß, und nie gab es dafür wohl eine anziehendere und festhaltendere Stätte, als gegenwärtig Paris! [...] Hab' ich Ihnen nicht immer gesagt, Sie müssen nach Paris, das ist der Ort für Sie?«

Heine wurde Korrespondent für die *Allgemeine Zeitung*. Mit deren Verleger Johann Friedrich von Cotta war er bereits seit Ende 1827 verbunden, und die einmal angeknüpfte Geschäftsbeziehung bildete fortan Heines zweites finanzielles Standbein neben der zu Hoffmann und Campe. Die 1798 gegründete *Allgemeine Zeitung* war die größte deutschsprachige Tageszeitung. Ihr Erfolgsgeheimnis bestand in ihrem pluralistischen Konzept: Sie druckte die Ansichten von Regierung *und* Opposition, vertrat die Interessen der Heiligen Allianz *und* ihrer Gegner. In Paris beschäftigte sie zu Beginn der 30er Jahre nicht weniger als acht Korrespondenten gleichzeitig. Im Jahre 1832 erschien dort Heines Artikelserie *Französische Zustände*, von 1840 bis 1844 schrieb er erneut regelmäßig, danach noch gelegentlich für das Blatt. Diese zweite, umfangreichere Serie brachte er 1854 in überarbeiteter Form unter dem Titel *Lutezia. Berichte über Politik, Kunst und Volksleben* als Buch heraus, wobei der Untertitel nur einen groben Eindruck von der enormen Vielfalt der Themen gibt.

Seine neue Tätigkeit machte Heine zeitweilig zum bestbezahlten deutschen Journalisten, und er verfolgte ein aufklärerisches Programm im Zeichen der Völkerverständigung: »Wenn wir es dahin bringen, daß die große Menge die Gegenwart versteht, so lassen die Völker sich nicht mehr von den Lohnschreibern der Aristokratie zu Haß und Krieg verhetzen [...]. Dieser Wirksamkeit bleibt mein Leben gewidmet; es ist mein Amt.«

Die Qualität seiner journalistischen Tätigkeit zeigt sich

auch an der bemerkenswerten Tatsache, dass diese Texte eines Deutschen von den Franzosen als Teil ihrer eigenen Geschichtsschreibung akzeptiert wurden. Auch heute noch wird seinen Berichten von der französischen Historiographie unbestritten die Qualität einer primären Quelle attestiert.

Dass die politischen wie gesellschaftlichen Zustände allem äußeren Anschein zum Trotz äußerst instabil waren, gehört zu Heines wichtigsten Beobachtungen während seiner Anfangszeit in Paris, und die Erkenntnis, dass der revolutionäre Prozess noch lange nicht beendet ist, wurde zum Leitmotiv seiner Korrespondenzberichte. Nicht zuletzt durch seine vielfältigen persönlichen Kontakte in Kultur und Politik wurde er zum wohl bestinformierten deutschen Korrespondenten in Paris. Dennoch tritt er in seinen Artikeln nicht als allwissender »Experte« auf, der mit seinen Kenntnissen und Einsichten glänzt, sondern ganz bewusst als »ein gewöhnlicher Flaneur«, der auf seinen Streifzügen große wie kleine Ereignisse mit der gleichen Aufmerksamkeit beobachtet und die »Miene des Volks auf den Gassen« zu deuten versteht.

»Der Flaneur ist der Priester des genius loci«, schrieb Walter Benjamin, und auf kaum jemanden trifft dies besser zu als auf Heine, der in allem, was er sah, stets »die zeitliche Signatur« zu entdecken versuchte – nicht zuletzt in der Topographie der Stadt selbst, in der er die Zeichen der Zeit lesbar macht. Seine Berichterstattung begreift er bei aller Tagesaktualität immer als Geschichtsschreibung der Revolution. Paris ist für Heine von jeher die Stadt der Revolution, alles hier beschwört die Erinnerung an 1789 herauf. In einer undatierten Gedankennotiz, die sich in seinem Nachlass fand, fasste er diese Gegenwärtigkeit der Revolutionserinnerung in ein eindrucksvolles Bild:

»Der Wahnsinnige – will nicht in den Tuilerien spatzieren gehn – sieht die Bäume zwar schön grün, aber die Wurzeln in der Erde blutroth.«

Ein großartiges Beispiel dafür, wie Heine für seine Leser – auch die heutigen – das Stadtbild in eine Erinnerungslandschaft verwandelt, die zugleich voll tagesaktueller Symbolik steckt, sind seine Ausführungen über die 44 Meter hohe Triumphsäule auf dem Place Vendôme, die Napoleon 1806 bis 1810 dort aus eingeschmolzenen, bei der Schlacht von Austerlitz erbeuteten Kanonen errichten ließ – genau an der Stelle, wo zuvor ein Denkmal für Ludwig XIV. stand, das während der Revolution zerstört wurde. Die ursprünglich auf der Säule platzierte Napoleonfigur, die heute wieder dort steht, war zu Heines Zeit zunächst nicht mehr vorhanden. In meisterhafter Verdichtung fasst er 1832 angesichts der Vendômesäule die jüngere französische Geschichte, sein eigenes Napoleon-Bild, seine Revolutionsvorstellung sowie den gegenwärtigen Zustand Frankreichs zusammen:

»Um diese Säule drehen sich alle Gedanken des Volks. Sie ist sein unverwüstliches eisernes Geschichtsbuch, und es liest darauf seine eigenen Heldenthaten. Besonders aber lebt in seiner Erinnerung die schmähliche Art, wie von den Deutschen das Standbild dieser Säule mißhandelt worden, wie man dem armen Kaiser die Füße abgesägt, wie man ihm, gleich einem Diebe, einen Strick um den Hals gebunden, und ihn herabgerissen von seiner Höhe. […] Jeder hat seine Sendung auf dieser Erde, unbewußt erfüllt er sie und hinterläßt ein Symbol dieser Erfüllung. So sollte Napoleon in allen Ländern den Sieg der Revoluzion erfechten; aber uneingedenk dieser Sendung, wollte er durch den Sieg sich selbst verherrlichen, und egoistisch erhaben stellte er sein eigenes Bild auf die erbeuteten Trophäen der Revoluzion, auf die zusammengegossenen Kanonen der Vendomesäule. Da hatten die Deutschen nun die Sendung, die Revoluzion zu rächen, und den Imperator wieder herabzureißen von der usurpirten Höhe, von der Höhe der Vendomesäule. Nur der dreyfarbigen Fahne gebührt dieser Platz, und seit den Juliustagen flattert sie dort siegreich und verheißend. Wenn man in der Folge den Napoleon wieder hinaufsetzt auf die Vendomesäule, so steht er dort nicht mehr als Imperator, als Cäsar, sondern als ein durch Unglück gesühnter und durch Tod gereinigter Repräsentant der Revoluzion, als ein Sinnbild der siegenden Volksgewalt.«

Schon 1833 ließ Louis-Philippe die Trikolore entfernen und setzte tatsächlich wieder eine Napoleonstatue auf die Säule. Das war ausgeklügelte Symbolpolitik im Sinne einer Aussöhnung der gesamten Nation und des Versuchs, das Bürgerkönigtum historisch stärker zu legitimieren und durch Anknüpfung an die Napoleon-Legende, die noch immer die Herzen vieler Franzosen bewegte, aufzuwerten. Sie gipfelte am 15. Dezember 1840 in der pompösen Überführung von Napoleons Leichnam von St. Helena in den Pariser Invalidendom: neunzehn Jahre nach seinem Tod. Bis zur endgültigen Fertigstellung der Krypta mit dem prunkvollen Sarkophag, die heute eine der großen Touristenattraktionen ist, dauerte es dann noch einmal einundzwanzig Jahre. Heinrich Heine, der einst als dreizehnjähriger Junge den Einzug Napoleons in seiner Heimatstadt Düsseldorf erlebt hatte, stand auch 1840 wieder am Straßenrand und sah den Kaiser nun noch einmal an sich vorüberziehen. Seine Beschreibung dieses Ereignisses ist ein poetisches Zeitbild und ein Höhepunkt seiner Paris-Berichterstattung.

»[…] siehe! eines kalten Wintertags erscheint er mitten unter uns Lebenden, auf einem goldenen Siegeswagen, der geisterhaft dahinrollt in den weißen Morgennebeln.

Diese Nebel aber zerrannen wunderbar, sobald der Leichenzug in den Champs-Elysées anlangte. Hier brach die Sonne plötzlich aus dem trüben Gewölk und küßte zum letztenmal ihren Liebling, und streute rosige Lichter auf die imperialen Adler, die ihm vorangetragen wurden, und wie mit sanftem Mitleid bestralte sie die armen, spärlichen Ueberreste jener Legionen, die einst im Sturmschritt die Welt erobert, und jetzt, mit verschollenen Uniformen, matten Gliedern und veralteten Manieren, hinter dem Leichenwagen als Leidtragende einherschwankten. […] Der Kaiser ist todt. Mit ihm starb der letzte Held nach altem Geschmack, und die neue Philisterwelt athmet auf, wie erlöst von einem glänzenden Alp. Ueber seinem Grabe erhebt sich eine industrielle Bürgerzeit, die ganz andre Heroen bewundert, etwa den tugendhaften Lafayette, oder James Watt, den Baumwollespinner.«

Heine schildert auch die Errichtung zweier weiterer symbolischer Bauwerke, die noch heute das Pariser Stadtbild prägen: der Julisäule, die seit 1840 auf dem Place de la Bastille steht, um an die Julirevolution von 1830 zu erinnern, und des Obelisken von Luxor, der als Geschenk des ägyptischen Vizekönigs nach Paris gekommen war. Louis-Philippe ließ das dreitausend Jahre alte Monument 1836 auf dem größten und symbolträchtigsten Platz der Stadt aufstellen, dem Place de la Concorde, dort, wo 1792 die Guillotine stand, auf der Ludwig XVI., Marie Antoinette, Danton, Robespierre und über tausend weitere Menschen während des *terreur* ihr Leben ließen.

Mit der Formel: »was ich aus den Dingen nicht hinaussehe, das sehe ich hinein«, hat Heine sein allegorisches Verfahren beschrieben, das er schon in den *Reisebildern* anwendete, und nach diesem Muster macht er den Obelisken in seinen Korrespondenzberichten zum Sinnbild der bestehenden Verhältnisse, indem er ihn 1841 auf kunstvolle Weise mit dem Regierungschef François Guizot gleichsetzt: »Wird sich Guizot halten? Heiliger Gott, hier zu Land hält sich niemand auf die Länge, alles wackelt, sogar der Obelisk von Luxor! Das ist keine Hyperbel, sondern buchstäbliche Wahrheit; schon seit mehren Monathen geht hier die Rede, der Obelisk stehe nicht fest auf seinem Postament [...]. Wie dem auch sey, es ist immer schlimm, wenn das Publikum Zweifel hegt über die Festigkeit der Dinge; mit dem Glauben an ihre Dauer schwindet schon ihre beste Stütze. [...]. Ja, sie stehen beide nicht auf ihrem rechten Platz, sie sind herausgerissen aus ihrem Zusammenhang, ungestüm verpflanzt in eine unpassende Nachbarschaft.«

Heine macht deutlich, dass die Standfestigkeit des Obelisken und damit auch der Regierung von unten bedroht ist, durch die mangelnde demokratische Basis. Guizot, der Mann des *enrichissez-vous*, des »bereichert euch!«, ist nicht Vertreter des Volkes, sondern Repräsentant der herrschenden Klasse.

Der Journalist Heine ist, genau wie die Verhältnisse, die er beschreibt, ständig in Bewegung. Seine Korrespondenzberichte haben keinen festen oder gar erhöhten Standpunkt, von dem aus die Ereignisse betrachtet würden, sondern sie nehmen die Leser mit an die Schauplätze des Geschehens, das radikal subjektiv geschildert wird. Die Kammern des Parlaments, die Börse, die Morgue, Akademien, Salons, Konzertsäle, Theater, Kunstgalerien, Ballsäle, Hörsäle, Gerichtssäle, Cafés und Passagen, Boulevards, Vorstädte, Plätze und Gassen – ganz Paris hat Heine in seine Stadttexte gebannt, die Orte der Macht wie des Elends, und ebenso vielfältig wie die Schauplätze sind auch die Personen, die darin auftreten und meist auch in für sie charakteristischer Weise zu Wort kommen: Bekannte und Unbekannte, Bankiers und Bettler, Politiker, Soldaten, Kaffeehausbesucher, Rothschild und der König, Künstler und Vertreter aller politischen Richtungen werden von Heine zitiert, sodass ein Kaleidoskop der Meinungen sowie ein vielschichtiges Bild der politischen Kräfteverhältnisse entsteht. Im Hinblick auf die Gattung changieren die Berichte zwischen Essay, Porträt und Karikatur, Kunstfeuilleton, Anekdote, Rezension und Reportage. In den »Strudel der Begebenheiten, der Tageswellen, der brausenden Revoluzion«, den er in seinem ersten Brief, den er aus Paris an seinen Freund Varnhagen schrieb, beschworen hatte, zog Heine nun auch die Leser der *Allgemeinen Zeitung*.

Er war oft unter den Zuhörern im Abgeordnetenhaus, der Deputiertenkammer, deren Sitzungssaal 1832 gerade renoviert worden war. Damals wie heute tagten die Parlamentarier der Nationalversammlung im Palais Bourbon am linken Seine-Ufer. Auch das »Oberhaus«, die Pairskammer, die seit 1814 in dem von einer wunderschönen Parklandschaft umgebenen Palais du Luxembourg (heute beherbergt er den französischen Senat) tagte, besuchte er. Für die adligen Abgeordneten hatte er jedoch wenig übrig, er sah in ihnen bloß »alte guillotinirte Menschen mit wieder angenähten Köpfen, wonach sie jedesmal ängstlich tasten, wenn draußen das Volk murmelt –

Gespenster, die jeden Hahn hassen, und den gallischen am meisten, weil sie aus Erfahrung wissen, wie schnell sein Morgengeschrey ihrem ganzen Spuk ein Ende machen könnte«.

Die Sitzungen der 1832 wiedergegründeten Académie des sciences morales et politiques (Akademie der Moral- und Politikwissenschaften) »in der Rotunde des Palais Mazarin, wo man sich stundenlang vorher einfinden muß um Platz zu finden«, wie er schrieb, besuchte Heine regelmäßig – wobei er als Freund des Akademiepräsidenten, des Historikers François Mignet, vielleicht nicht ganz so lange warten musste. Das 1635–1658 erbaute Palais Mazarin heißt heute Palais de l'Institut de France und ist noch immer Sitz der ehrwürdigen französischen Akademien. Heines Berichte von dort sind meist launig, oft weniger wegen der Redner als wegen des Publikums: »Ich kann nicht ohne Lachen an die Aeußerung denken, womit eine junge Person, die letzthin in der Akademie neben mir saß, auf einige Mitglieder der ehrwürdigen Körperschaft hinwies. Sie sagte: Diese Herren müssen sehr gelehrt seyn, denn sie sind sehr häßlich. Eine solche Schlußfolge [...] ist vielleicht der Schlüssel mancher gelehrten Reputazion.«

Der Chronist der politischen, gesellschaftlichen, wirtschaftlichen und kulturellen Modernität war Kritiker und Diagnostiker genug, um unter der glänzenden Oberfläche der Lichterstadt die subversive Kraft der wirtschaftlichen Expansion wahrzunehmen. So konnte er zehn Jahre vor Eugène Sues *Les Mystères de Paris* das soziale Elend der Pariser Bevölkerung einprägsam darstellen, etwa indem er eindringlich die Versammlungen des republikanischen Geheimbundes der *Amis du Peuple* (Volksfreunde) schildert, die er 1832 dort erlebte, wo sich heute das Hallenviertel befindet. Heine beschreibt die Atmosphäre von Zorn und Entschlossenheit, die bei der republikanischen Versammlung herrscht, und bemerkt mit dem Erstaunen des Ortsfremden, wie »komisch« es war, »daß diese Leute über Unterdrückung klagten, während man ihnen erlaubt, sich so offen gegen die Regierung zu verbinden und Dinge zu sagen, deren zehnter Teil hinlänglich wäre, um· in Norddeutschland zu lebenslänglicher Untersuchung verurteilt zu werden«. Er empfindet sie wegen ihres Festhaltens an den Schriften eines Robespierre und den alten Revolutionsritualen trotz all ihrer Radikalität als ebenso rückwärtsgewandt wie die Anhänger des alten Bourbonenkönigtums: »Thörigt ist es, wenn man die Sprache von 1793 wieder heraufbeschwört wie die *Amis du peuple* es thun, die dadurch, ohne es zu ahnen, eben so retrograde handeln, wie die eifrigsten Kämpen des alten Regimes. [...] Republikaner und Karlisten sind Plagiarien der Vergangenheit.« Um das zu untermauern schließt er unmittelbar an die Beschreibung dieser Versammlung die Darstellung einer Soiree der Legitimisten im feinen Saint-Germain an, wo er, »während mir noch das ›Vive la République‹ [...] in den Ohren nachdröhnte«, nichts sieht als »Lichter, Spiegel, Blumen, nackte Schultern, Zuckerwasser, gelbe Glacéhandschuh' und Fadaisen. Außerdem lag eine so triumphierende Freude auf allen Gesichtern, als sei der Sieg des alten Regimes ganz entschieden.«

Auch das Faubourg Saint-Marceau (Saint-Marcel) sucht Heine auf. Was heute eines der teuersten Wohnviertel des 13. Arrondissements ist, war zu seiner Zeit, wie schon in den Jahrhunderten zuvor, ein Elendsviertel mit zweifelhaftem Ruf. An die Stelle der Manufakturarbeiter, die hier einst gelebt hatten, war inzwischen das neue Industrieproletariat getreten.

Von der alten Bausubstanz, die Heine sah, ist allerdings heute nichts mehr übrig, sie verschwand schnell, als 1857 die von Baron Haussmann geplanten städtebaulichen Veränderungen begannen und auch hier neue Boulevards entstanden. Höchst eindringlich schildert Heine die düstere Stimmung, die sich hier zusammenbraut und die er 1842 in einem widersprüchlichen Bild zusammenfasst, das gerade in der Stille eine ungeheure Dynamik ankündigt: »Hier in Frankreich herrscht gegenwärtig die größte Ruhe. Ein abgematteter, schläfriger, gähnender Friede. Es ist alles still, wie in einer verschneiten Winternacht. Nur ein leiser, monotoner Tropfenfall. Das sind die Zinsen, die fortlaufend hinabträufeln in die Kapitalien, welche beständig anschwellen; man hört ordentlich wie sie wachsen, die Reichtümer der Reichen. Dazwischen das leise Schluchzen der Armut. Manchmal auch klirrt etwas, wie ein Messer das gewetzt wird.«

Heine nahm ebenfalls an den Versammlungen anderer Oppositionsgruppierungen teil, insbesondere an denen der Saint-Simonisten, zu deren Anführern er in freundschaftlicher Verbindung stand. Sie hatten aus dem ökonomischen, sozialreformerischen und religiösen Werk des Grafen Saint-Simon eine frühsozialistische Utopie der Vereinigung des technischen mit dem sozialen Fortschritt und einem staatlich gelenkten Industrialismus geformt. Heine war ein kritischer Sympathisant der Bewegung, wobei ihm deren sektiererische Züge nicht entgingen. Er nimmt im Januar 1832 an einer Versammlung der Saint-Simonisten in der Rue Taitbout 9 teil, just an dem Abend, an dem der Saal polizeilich geschlossen wird. Im März 1832 lässt ihm Prosper Enfantin eine Einladung zu einer *soirée saint-simonienne* in die Rue Monsigny 6 zukommen.

Das ist die letzte Versammlung, denn tags darauf wird die Bewegung verboten.

Paris war auch deswegen die »Hauptstadt der Revoluzion«, weil hier die Oppositionellen aus ganz Europa zusammenkamen. Die deutsche Kolonie bildete einen Mikrokosmos der Verhältnisse in der Heimat, wobei die Exilsituation manche Gegensätze noch zuspitzte. Das galt auch für den Gegensatz zwischen den beiden führenden deutschen Schriftstellern und Journalisten in Paris, Heine und Börne. Der Verfasser der brisanten *Briefe aus Paris*, Börne, galt als Anführer der deutschen Republikaner in Paris und hatte auch unter den zahlreichen deutschen Handwerkern viele Anhänger. Parteibildung war dem Individualisten Heine stets fremd, vor allem aber verstand er sich im Unterschied zu Börne als Kosmopolit, und die Frage der Staatsform, die diesen umtrieb, berührte in Heines Augen bloß das »Aeußerliche der Revoluzion, und nicht die tieferen Fragen derselben [...]. Diese Fragen betreffen weder Formen noch Personen, weder die Einführung einer Republik, noch die Beschränkung einer Monarchie: sondern sie betreffen das materielle Wohlseyn des Volkes.« Diese Haltung bestimmt stets Heines Blick auf die Ereignisse, die er als Journalist schildert und deren wahrer »Held«, wie er 1852 an seinen Verleger Campe schrieb, »die sociale Bewegung« sei.

Nach Heines Überzeugung war die alles umstürzende revolutionäre Kraft der Kapitalismus selbst, und der Aufstieg der Finanzbourgeoisie zur einflussreichsten Gruppe im System des *juste milieu* ist darum ein Hauptthema für ihn als Journalisten, etwa wenn er die Börse schildert:

»Ich ärgere mich jedesmal, wenn ich die Börse betrete, das schöne Marmorhaus, erbaut im edelsten griechischen Style, und geweiht dem nichtswürdigsten Geschäfte, dem Staatspapierenschacher. Es ist das schönste Gebäude von Paris; Napoleon hat es bauen lassen. […] Hier, in dem ungeheuren Raume der hochgewölbten Börsenhalle, hier ist es, wo der Staatspapierenschacher, mit allen seinen grellen Gestalten und Mißtönen, wogend und brausend sich bewegt, wie ein Meer des Eigennutzes, wo aus den wüsten Menschenwellen die großen Banquiers gleich Haifischen hervorschnappen, wo ein Ungethüm das andere verschlingt, und wo oben auf der Galerie, gleich lauernden Raubvögeln auf einer Meerklippe, sogar speculirende Damen bemerkbar sind. Hier ist es jedoch, wo die Interessen wohnen, die in dieser Zeit über Krieg und Frieden entscheiden. Daher ist die Börse auch für uns Publizisten so wichtig.«

Meisterhaft beschreibt Heine den Zusammenhang von Ökonomie und Politik. Die wichtigste Figur ist dabei der Baron Rothschild. Als ein Zentrum der ökonomischen Macht schildert er in *Lutezia* das Comptoir Rothschilds, das sich in der Rue Laffitte befand: »Jenes Privatkabinet ist in der That ein merkwürdiger Ort, welcher erhabene Gedanken und Gefühle erregt, wie der Anblick des Weltmeeres oder des gestirnten Himmels: wir sehen hier, wie klein der Mensch und wie groß Gott ist! Denn das Geld ist der Gott unserer Zeit und Rothschild ist sein Prophet.«

Dass die unterschwelligen Konflikte der Julimonarchie tatsächlich aufbrechen, hat Heine mehrfach erlebt. Die erste Revolte, die er als Journalist ausführlich schildert – in den *Französischen Zuständen* –, ist der republikanische Aufstand vom 5. und 6. Juni 1832. Er entzündete sich bei der Trauerfeier für den Revolutionsgeneral und Oppositionsabgeordneten Maxi-

milien Lamarque, der ein beliebter Redner der Deputierten-
kammer war. Der Trauerzug war am Morgen von Lamarques
Haus zur Madeleine gegangen, wo die Trauerfeier stattfand,
danach wurde der Sarg über den Place Vendôme und den Place
de la Bastille zum Pont d'Austerlitz gefahren. Dort wurden
Ansprachen gehalten, unter den Rednern war auch General
Lafayette, und danach begannen die Tumulte und schließlich
Kämpfe, bei denen etwa 2000 Aufständischen rund 30 000
Nationalgardisten und Soldaten gegenüberstanden.

In der *Allgemeinen Zeitung* gibt Heine einen genauen Bericht,
anhand dessen sich der Kampfverlauf noch heute gut nach-
vollziehen lässt:

»Um halb sieben Uhr kämpfte man schon an der Porte
St. Denis, wo das Volk sich barrikadirte. [...] Da ich bey der
Porte St. Denis wohne, habe ich die ganze Nacht schlaflos
zugebracht; fast ununterbrochen dauerte das Schießen. Der
Kanonendonner findet jetzt in meinem Herzen den kummer-
vollsten Widerhall. Es ist eine unglückselige Begebenheit, die
noch unglückseligere Folgen haben wird. [...] Ich komme
eben von dem Schauplatze des gestrigen Kampfes [...] Rue
St. Martin, die an der Pforte dieses Namens auf dem Boulevard
beginnt und erst an der Seine, an dem Pont-de-Notre-Dame,
aufhört. Es waren die reinsten, jedoch keineswegs die klügsten
Freunde der Freyheit. [...] Ich bin, bey Gott! kein Republikaner, ich weiß, wenn die Republikaner siegen, so schneiden sie
mir die Kehle ab [...] – aber dennoch, die nackten Thränen
traten mir heute in die Augen, als ich die Orte betrat, die noch
von ihrem Blute geröthet sind. Es wäre mir lieber gewesen, ich
und alle meine Mitgemäßigten wären, statt jener Republikaner, gestorben.«

Wie ein moderner Kriegsreporter begibt sich Heine an den Ort des Geschehens, der von seiner Wohnung in der Rue de l'Echiquier 38 weniger als einen Kilometer entfernt ist. Die Rue Saint-Martin ist eine der ältesten Straßen von Paris, sie gehörte zum Cardo von Lutetia, der Nord-Süd-Achse der gallo-römischen Stadt, hier findet man auch einige der ältesten erhaltenen Häuser von ganz Paris. Heute ist sie eine Fußgängerzone, und wenn man sie entlangschlendert, ist es kaum vorstellbar, dass sie am 6. Juni 1832 zur Todesfalle wurde. Das Kloster Saint-Mery (aus dem 6. Jahrhundert) war Schauplatz der härtesten Kämpfe, hier befand sich eine Barrikade, der Name des Klosters wurde später zum Inbegriff der Junirevolte – nicht zuletzt, weil Victor Hugo den republikanischen Aufständischen, die hier kämpften, in seinem Roman *Les Misérables* (1862) ein literarisches Denkmal gesetzt hat. Erst nach vier Angriffswellen und mehrfachem Artilleriebeschuss waren die etwa sechzig Kämpfer, die sich hier verschanzt hatten und schließlich eingeschlossen waren, besiegt. »In der Kirche Saint-Mery hat man mir das erzählt«, schreibt Heine für seine deutschen Leser, »und ich mußte mich dort an die marmorne Bildsäule des heiligen Sebastian anlehnen, um nicht vor innerer Bewegung umzusinken, und ich weinte wie ein Knabe.« Heine rühmt die Tapferkeit der Kämpfer und stellt die Gewalt der regierungstreuen Übermacht drastisch dar. Das poetische Detail des von Pfeilen durchbohrten Märtyrers ist kein bloßer literarischer Kunstgriff: In der Kirche Saint-Mery – sie liegt an der Rue Saint-Martin, ist dem heiligen Medericus geweiht und wurde im 16. Jahrhundert im spätgotischen Stil erbaut – stand zu jener Zeit am Eingangsportal tatsächlich eine Säule des heiligen Sebastian; die Stadt Paris hatte sie der Gemeinde 1819 gestiftet. Heute ist sie jedoch nicht mehr vorhanden.

Am 25. Juni 1832 schrieb Heine für die *Allgemeine Zeitung* einen ausführlichen Artikel über den Aufstand, der gescheitert war, weil er im Volk und bei den verschiedenen, untereinander zerstrittenen Oppositionsparteien nicht ausreichend Unterstützung fand. Wenn der Aufstand ihm also auch politisch sinnlos erscheint, so findet Heine doch poetische Bilder für die Würde der Opfer, deren Namen er in Erfahrung bringen will, »um sie, Kraft meines Amtes, ins große Martyrologium einzuzeichnen«. Sein Artikel vom 25. Juni ist ein Meisterstück, eine dramatische, brandaktuelle Reportage unmittelbar vom Ort des Geschehens, aber auch ein kunstvoller poetischer Text und zugleich eine weitsichtige Analyse der europäischen Verhältnisse zwei Jahre nach der Julirevolution. Eben wegen seiner Qualität ist er der Redaktion der *Allgemeinen Zeitung* jedoch viel zu brisant. Sie druckt ihn nicht ab, aus Furcht vor Repressalien der Zensurbehörden, und damit ist bald das vorläufige Ende von Heines Mitarbeit eingeläutet.

Mindestens ebenso dramatisch wie der Republikaneraufstand war die Choleraepidemie, die Paris 1832 heimsuchte und innerhalb weniger Wochen 18 000 Todesopfer forderte. Heine schilderte sie in seinen *Französischen Zuständen* in all ihren Ausprägungen. Viele Korrespondenten und Besucher verließen die Stadt. »Ich würde auch fortgehen«, schrieb Heine an Cotta, »wenn nicht bey der, durch die Cholera eingetretenen Volksstimmung, die wichtigsten Dinge vorfallen könnten. Macht die Cholera Ravagen, so kann es hier sehr toll hergehen. Der Mißmuth der armen Classe ist grenzenlos.« Heine beschrieb die Seuche nicht einfach als Katastrophe, sondern als Krankheit des Systems: »Das Jüste-milieu hat die Cholera«, lautete die ebenso schlichte wie treffende Formel, die Heine fand – eine Einschätzung, die von den heutigen Historikern wie Giesselmann, die seine Schilderungen als unverzichtbare Quellentexte heranziehen, geteilt wird: »In ihrer krisenreichen Geschichte hat die Julimonarchie wohl niemals so nahe am Rand des Zusammenbruchs gestanden [...] und ohne Zweifel haben die direkten und indirekten Auswirkungen der großen Choleraepidemie einen maßgeblichen Anteil daran.« Die Gewaltausbrüche, die mit ihr einhergingen, die umlaufenden Gerüchte und Schuldzuweisungen, die Art, in der die politischen Parteien die Cholera für sich zu instrumentalisieren versuchten, das alles schildert Heine und verdichtet es zu einem düsteren Panorama, das seinen Höhepunkt in der Beschreibung der massenhaften Beerdigungen auf dem Friedhof Père Lachaise findet. Er beschließt sie mit einem melancholischen Bild des kranken, mythischen Paris:

»Ich will, um die Gemüther zu schonen, hier nicht erzählen, was ich auf dem Père-la-Chaise gesehen habe. [...] Ich rettete mich so rasch als möglich auf den höchsten Hügel des Kirchhofs, wo man die Stadt so schön vor sich liegen sieht. Eben war die Sonne untergegangen, ihre letzten Stralen schienen wehmüthig Abschied zu nehmen, die Nebel der Dämmerung umhüllten wie weiße Laken das kranke Paris, und ich weinte bitterlich über die unglückliche Stadt, die Stadt der Freyheit, der Begeisterung und des Martyrthums, die Heilandstadt, die für die weltliche Erlösung der Menschheit schon so viel gelitten!«

PARISER BÜHNEN UND SALONS

»Als ich im Sommer 1831 nach Paris kam«, schreibt Heine im Rückblick auf seine ersten Erfahrungen mit der neuen französischen Kunst, »war ich doch über nichts mehr verwundert, als über die damals eröffnete Gemäldeausstellung, und obgleich die wichtigsten politischen und religiösen Revoluzionen meine Aufmerksamkeit in Anspruch nahmen, so konnte ich doch nicht unterlassen, zuerst über die große Revoluzion zu schreiben, die hier im Reiche der Kunst stattgefunden.«

Heine weiß sehr genau, dass sich im Juli 1830 nicht nur eine politische, sondern auch eine kulturelle Revolution ereignet hat. Das hatte sich bereits Ende der 20er Jahre angekündigt, als eine junge Schriftstellergeneration den Konflikt zwischen der überholten klassischen und der neuen romantischen Ästhetik deutlich machte. 1827 verkündete Victor Hugo im Vorwort zu seinem Drama *Cromwell* die Prinzipien einer modernen Dramaturgie, die aus Gattungs- und Stilmischung bestehen sollen. Am 25. Februar 1830 kam es während der Uraufführung von Hugos Drama *Hernani* in der Comédie Française zu einem öffentlichen Streit, der den jungen Romantikern zum Durchbruch verhalf. Deshalb besitzt die berühmte *bataille d'Hernani* alle Züge einer vorgezogenen Kunstrevolution.

Fast zeitgleich hatte sich auch eine künstlerische Erneuerung vollzogen, die 1831 auf der regelmäßig wiederkehrenden Ausstellung des *Salon* triumphiert hat. Bereits auf den Pariser *Salons des artistes vivants* von 1824 und 1827 zeichnete sich mit Delacroix und Géricault eine Wende an. Im Nachtrag zu den

Kunstberichten *Französische Maler* wird Heine 1833 Géricault als »Eröffner einer neuen Malerschule in Frankreich« herausstellen. Was schließlich die Musik betrifft, ist der 5. Dezember 1830 das entscheidende Datum – das ist der Tag, an dem die Erstaufführung der *Symphonie fantastique* von Heines Freund Berlioz stattgefunden hat.

In Paris wird Heine zu Beginn der 30er Jahre unmittelbar Zeuge eines glanzvollen Kulturbetriebs. Die berühmtesten Künstler und Interpreten des Kontinents kamen an die Seine, um hier zu leben, zu arbeiten und an dem blendenden Leben teilzunehmen. Sie wollten auch die neuen ökonomischen Möglichkeiten nutzen, die Paris bot, und die Bühnen der Metropole erobern, um so den Grundstein für eine europäische Karriere zu legen. Für Heine war das Paris der Julimonarchie in der Tat ein besonders günstiger, wenn nicht idealer Standort, um die Entwicklung eines modernen Kultursystems erleben zu können. Das Zusammenspiel vieler Einzelfaktoren hat hier einen gutorganisierten Musik- und Kunstbetrieb entstehen lassen, der über viele Bühnen und ein großes Publikum verfügte, der hohe Einnahmen versprach und von einer dynamischen öffentlichen Meinung geprägt war.

Die Voraussetzungen dafür waren schon früher entstanden. Zur besseren Kontrolle hatte Napoleon 1807 die Anzahl der Bühnen neben dem Théâtre-Français auf acht beschränkt, darunter die Opéra (Académie royale de Musique), Opéra Comique, das Odéon. Sie hatten sich auf dem rechten Seine-Ufer, an den Grands Boulevards, konzentriert niedergelassen – nur das Odéon liegt auf der linken Seine-Seite. Speziell der Musikbetrieb war durch eigene Programme und zahlreiche offizielle und private Veranstaltungen bestens organisiert. Neben den drei großen Musikbühnen Opéra, Opéra Comique und Théâtre-Lyrique italien (oder Opéra-Italien) verfügte Paris über zahlreiche andere Veranstalter mit Konzertsälen wie die Société du Conservatoire de musique.

Die große Anzahl an Theaterbühnen musste jeden Paris-Besucher stark beeindrucken. Befanden sich schon fast alle großen Bühnen ohnehin nahe beieinander, dann standen sie auf dem Boulevard du Temple nahezu Wand an Wand! Durch das Angebot an melodramatischen Stücken ist dieser Boulevard bis heute noch als »Boulevard du crime« in aller Munde. 1945 hat er Marcel Carné als Rahmen für seinen berühmten Film *Kinder des Olymp* gedient. Zu Heines Zeit existierten dort mehr als zehn Bühnen, mindestens sieben davon hat der Dichter aufgesucht.

Zehn Jahre nach seinen ersten Eindrücken muss Heine erkennen, dass der Revolution der bildenden Künste keine neue Blütezeit, sondern ein Absturz gefolgt ist. Im Gegensatz dazu ist es jedoch der Musikszene gelungen, zu einem neuen Höhenflug anzusetzen. In die Annalen der Kunst, da ist er sich sicher, wird die Gegenwart als das »Zeitalter der Musik« eingehen. Heine war nicht allein kritischer Beobachter der Szene, sondern auch Teil des Betriebs. Richard Wagner hat die Fabel vom *Fliegenden Holländer* bekanntlich Heines Werk *Aus den Memoiren des Herren von Schnabelewopski* entnommen. Außerdem wurde im Juni 1841 an der Pariser Oper das Ballett *Giselle, ou les Wilis* uraufgeführt, zu dem sich der Librettist, Heines Freund Gautier, von einer mythologischen Schrift Heines hatte inspirieren lassen.

Heine hat allein und später mit Mathilde intensiv am Musikleben teilgenommen. Er war häufig in der Oper und hat oft Konzertsäle aufgesucht. »Ich bin jetzt ein fleißiger Besucher der Oper«, schreibt er 1832 genau in dem Brief, in dem er gesteht, sich so wohlzufühlen in Paris »wie ein Fisch im Wasser«. Seine ganze Vorliebe galt dem Théâtre-Lyrique italien oder der Opéra-Italien, die an wechselnden Orten untergebracht war: 1819–1838 in der Salle Favart, der Salle de l'Odéon und ab 1841 in der Salle Ventadour (seit 1980 in der Rue de la Gaieté). Im letzteren Saal sieht Heine wahrscheinlich im Dezember 1846 die französische Erstaufführung von Verdis *I due Foscari* und schreibt: »Verdi ist jetzt der Mann des Tages in der musikalischen Welt, seitdem Bellini gestorben, Rossini und Donizetti bey lebendigem Leibe todt sind, und Meyerbeer ebenfalls schon das fatale hippokratische Zeichen im Antlitz trägt.«

Zieht es Heine zu den »Italiens«, folgt er dem allgemeinen Trend der Zeit. Er hat schnell erfasst, dass die Große Oper trotz ihres Glanzes ihren Höhepunkt überschritten hat und die Gunst des Publikums zu anderen Musikbühnen übergegangen ist. Diesen Stimmungswechsel halten zwei bildliche Beschreibungen kontrastiv fest. Das aristokratische Publikum, erklärt Heine, »flüchtete sich in die italienische Oper, in diese musikalische Oase [...] während rings umher eine blasse Sandwüste, eine Sahara der Musik« herrschte. Im Gegensatz zu dieser Blüte bröckelt an der Rue Le Peletier regelrecht der Putz – wie sehr, das lässt das Bild einer herabstürzenden Muse plastisch werden. Das Haus der Oper »zeichnet sich nicht aus durch brillanten Luxus, es hat vielmehr das Aeußere eines sehr anständigen Pferdestalles, und das Dach ist platt. Auf diesem Dach stehen acht Statuen, welche Musen vorstellen.

Eine neunte fehlt, und ach! das ist eben die Muse der Musik. Ueber die Abwesenheit dieser sehr achtenswerthen Muse sind die sonderbarsten Auslegungen im Schwange. Prosaische Leute sagen, ein Sturmwind habe sie vom Dachen heruntergeworfen. Poetischere Gemüther behaupten dagegen, die arme Polyhymnia habe sich selbst hinabgestürzt, in einem Anfall von Verzweiflung über das miserable Singen von Monsieur Duprez.«

Trotz dieser Gefahr hat Heine das Institut gern aufgesucht und auch mehrmals Uraufführungen gesehen. In diesem Haus erlebte er im November 1831 die Uraufführung von Meyerbeers Oper *Robert le diable* und 1836 von *Les Huguenots*. Die Opéra Le Peletier spielte damals im Saal der Rue Le Peletier 12. Zwischen 1821 und 1848 hieß sie auch Académie royale de musique. Seit 1875 ist sie im Palais Garnier untergebracht und heißt heute Opéra-Garnier (zu unterscheiden von der Opéra-Bastille).

Ohne ein musikwissenschaftlicher Fachmann zu sein, verarbeitet Heine zwischen 1831 und 1847 seine Eindrücke zu einer ganzen Reihe von Musikberichten. Ihre Originalität hat genrebildend gewirkt. Dank dieser Korrespondenzartikel ist Heine laut Michael Mann zum »Begründer des musikalischen Feuilletonismus« geworden. Im Wesentlichen geht es Heine nicht um Musikästhetik, ihn interessiert im Grunde die politische und soziale Bedeutung künstlerischer Produktion.

Die Oper *Robert le diable* konnte die Pariser so begeistern, erklärt Heine in den *Französischen Zuständen*, weil das Verhalten des Titelhelden das damalige Schwanken des Bürgerkönigtums zwischen zwei entgegengesetzten Machtprinzipien verkörpert: Volkssouveränität und Feudalherrschaft. Held Robert tendiert einerseits zum Geist seines Vaters, zur Revolution, und andererseits zum Geist seiner Mutter, zum *ancien régime;* kurz, »er schwebt in der Mitte zwischen den beiden Prinzipien, er ist Juste-milieu« – so wie König Louis-Philippe, den die gleiche Doppelnatur charakterisiert.

Neben den Opernhäusern gehören Konzertsäle zu den Musiktempeln der Julimonarchie. So sucht Heine die Konzertsäle Ventadour und die der Börse auf, in dem die Opéra Comique zwischen 1829 und 1840 untergebracht war, bevor sie 1840 in die neueröffnete Salle Favart übersiedelte, wo sie in den 40er Jahren ihre Blütezeit erlebte (heute Place Boieldieu). Ein Besuch im Konzertsaal des Conservatoire national de musique et de déclamation wurde zum Anlass, seine Kompetenz als Musikfeuilletonist kräftig zu bestreiten. Der Saal der 1784 gegründeten Schule befand sich in der Rue du Conservatoire 2. Heine hat diesen Saal, der wegen seiner hervorragenden Akustik berühmt war und in dem eines der besten Orchester Europas spielte, immer wieder aufgesucht. Im Dezember 1831 hat er dort ein Konzert seines deutschen Freundes Ferdinand Hiller erlebt. Darüber spottet Börne: »Heine saß in Hillers Konzert neben mir. Der ist so unwissend in Musik, dass er die 4 Teile der großen Symphonie für ganz verschiedene Stücke hielt und ihnen die Nummern des Konzertzettels beilegte, wie sie da aufeinander folgen. So nahm er den 2ten Teil der Symphonie für das angekündigte Alt-Solo; den 3ten Teil für ein Violoncello-Solo und den 4ten für die Ouvertüre zum Faust! Da er sich langweilte, war er froh, daß alles so schnell ging, und ward wie vom Blitz gerührt, als er von mir erfuhr, dass erst Nr. 1 vorbei sei, wo er dachte, schon 4 Nummern wären ausgestanden.«

Das glanzvolle Auftreten der Künstler und ihre Anerkennung in Paris fordert einen hohen Preis. Die Artisten müssen sich den Marktbedingungen anpassen und sich dem wechselnden Publikumsgeschmack unterwerfen. Heines Kritik des Musikbetriebs sowie des Verhaltens einzelner Künstler erscheint heute besonders eindrucksvoll. Seine Auseinandersetzung mit der Kulturorganisation weist auf das voraus, was Theodor W. Adorno und Max Horkheimer unter dem epochal gewordenen Begriff »Kulturindustrie« analysiert haben.

Zu Beginn der 40er Jahre erlebt Heine sehr eindringlich, wie sehr sich Musikveranstaltungen mit Klavierspielern, speziell mit den »grellen Klimpertönen« der Pianofortespieler, in ein bedenkliches Mode- und Massenphänomen verwandelt haben. Qualitätsverfall und Presserummel sind unvermeidliche Folgen, die er nüchtern aufdeckt. Diesen Pianisten geht es weniger um Kunstdarbietung als um (Selbst-)Werbung und schließlich um die klingende Münze: »Wie Heuschreckenscharen kommen die Claviervirtuosen jeden Winter nach Paris, weniger um Geld zu erwerben als vielmehr um sich hier einen Namen zu machen, der ihnen in andern Ländern desto reichlicher eine pekunäre Ernte verschafft. Paris dient ihnen als eine Art Annoncenpfahl, wo ihr Ruhm in kolossalen Lettern zu lesen.«

Meyerbeer, der unbedingte Mittelpunkt des Musiklebens, ist nie müde geworden, die Presse zu manipulieren und vor den Karren seines Ruhmes zu spannen. Der Komponist brauche nur zu nicken, lästert Heine später, »und alle Posaunen der großen Journale ertönen unisono«. Claqueure anzumieten war damals eine sichere Investition in den Erfolg, sie galten als ganz normale Ausgaben im Pariser Kulturbetrieb. Als Meister des finanziell organisierten Ruhmes wird der als Genie gefeierte Franz Liszt von seinem früheren Freund Heine regelrecht vorgeführt. Den umjubelten Virtuosen verspottet Heine in *Lutezia* mit Worten, die ihn zusammen mit Meyerbeer an den Pranger stellen: »Es will mich manchmal bedünken, die ganze Hexerey ließe sich dadurch erklären, daß niemand auf dieser Welt seine Successe, oder vielmehr die *mise en scène* derselben so gut zu organisiren weiß wie unser Franz Liszt. In dieser Kunst ist er ein Genie, ein Philadelphia, ein Bosco, ja ein Meyerbeer. Die vornehmsten Personen dienen ihm als Compères, und seine Miethenthusiasten sind musterhaft dressirt.«

Klavier- und Violinvirtuosen gehören für ihn zu den typischsten Repräsentanten des neuen Zeitgeistes, heißen sie Franz Liszt oder Alexander Dreyschock, Friedrich Wilhelm Kalkbrenner, Heinrich Wilhelm Ernst oder Ole Bull. Ausgenommen werden davon allerdings der geniale Frédéric Chopin sowie der Antivirtuose Sigismund Thalberg, der »musikalische Gentleman«, der ohne »epileptische Anfälle auf dem Klavier« auskommt. Der Erfolg der anderen beruht auf nichts so sehr wie auf wirkungsvoller Inszenierung. So wird ihre Körperpose zu einem wichtigen Bestandteil der Darbietung, was nichts anderes als den Triumph der Geste über die Musik bedeutet. Nichts charakterisiert den Musikbetrieb unter Louis-Philippe so wie publikumswirksame Virtuosität, die nach Heines Ansicht nichts mehr mit Kunst zu tun hat, sondern »ins Gebiet der Taschenspielereyen, des Volteschlagens, der verschluckten Schwerter, der Balancierkünste und der Eyertänze« gehört. In seinen Augen verkörpert keiner diesen Trend besser als sein Freund Franz Liszt. Die Beschreibung von dessen Auftritten gehört zu den narrativen Höhepunkten der Heine'schen Musikkritiken. Heine vergleicht die frühere wilde mit der jetzigen gemäßigten Spieltechnik und betont: Wenn Liszt früher auf dem Pianoforte »[...] ein Gewitter spielte, sahen wir die Blitze über sein eignes Gesicht dahinzucken, wie von Sturmwind schlotterten seine Glieder, und seine langen Haarzöpfe träuften gleichsam vom dargestellten Platzregen. Wenn er jetzt auch das stärkste Donnerwetter spielt, so ragt er doch selber darüber empor, wie der Reisende, der auf der Spitze einer Alpe steht, während es im Thale gewittert: die Wolken lagern tief unter ihm [...] das Haupt erhebt er lächelnd in den reinen Aether.«

Der revolutionäre Theatercoup von 1830, der die französische Bühne erneuert hat, musste das Interesse des bühnenerfahrenen Neu-Parisers wecken. Heine ist in Paris oft, aber wohl nicht regelmäßig ins Theater gegangen. Er bevorzugte die Proszeniumslogen der Avant-Scène. So schreibt er: »Diese Avant-scenen sind auch außerdem meine Lieblingsplätze. Man sieht hier nicht bloß was auf dem Theater gespielt wird, sondern auch was hinter den Coulissen vorgeht, hinter jenen Coulissen, wo die Kunst aufhört und die liebe Natur wieder anfängt.«

Der bewusste Blick hinter die Kulissen charakterisiert den soziologischen Ansatz, der Heines Berichte im Vergleich zur damaligen deutschen Theaterliteratur auszeichnet. Auf unsystematische Weise, aber mit gesellschaftlicher Fragestellung behandeln seine Essays das französische Theater.

Die tonangebenden Autoren der Julimonarchie waren Heine alle persönlich bekannt: Victor Hugo, Alexandre Dumas, Alfred de Vigny und Alfred de Musset. Trotz dieser großen

Namen stagniert das Theater in Frankreich. Einen Wandel der dramaturgischen Szene hat Heine schon in der zweiten Hälfte der 30er Jahre verspürt und seine eigenen Erfahrungen an einer zeittypischen Wende festgemacht: »Das Theater Français besuchte ich sehr wenig; dieses Haus hat für mich etwas Oedes, Unerfreuliches. Hier spuken noch die Gespenster der alten Tragödie, mit Dolch und Giftbecher in den bleichen Händen; hier stäubt noch der Puder der klassischen Perücken.«

Ähnlich wie die Große Oper, die mit ihren »Pracht- und Spektakelstücken« unter der Leitung von Véron und Duponchel ihr musikalisches Niveau verloren hat, leidet das unter Ludwig XIV. gegründete Théâtre-Français an schwindender Publikumsgunst (seit 1792 in der heutigen Comédie-Française untergebracht). Das Festhalten an der klassischen Tragödie, gepaart mit Mangel an neuen Stücken und der ablehnenden Haltung gegenüber dem romantischen Theater, hat junge Autoren wie Dumas und Hugo sowie das Publikum dazu bewogen, zum Théâtre de la Porte Saint-Martin abzuwandern.

Heine ist dem Zug der Zeit gefolgt und hat besonders gern die Boulevardtheater aufgesucht. Im Theater an der Porte Saint-Martin hat er Mitte der 30er Jahre aber auch mehr oder weniger unterhaltsame oder mittelmäßige Stücke heute vergessener Dramatiker gesehen. Er würdigt dagegen Victor Hugo und Alexandre Dumas in einem ausführlichen Kontrastporträt, das ziemlich zwiespältig ausgefallen ist. So feiern Heines *Französische-Bühnen*-Briefe Hugo und Dumas als »die besten Tragödiendichter der Franzosen«. Aber Hugo muss lesen, sein Theater sei nicht poetisch, sondern rhetorisch.

Heine wäre kein soziologisch eingestellter Theaterkritiker, wenn er nicht nach den Gründen fragen würde, die den Erfolg der Boulevardtheater mit ihren schlechten Vaudevilles (Sing-spielen) und Spektakelstücken ermöglicht haben. Die frische Blüte des Volkstheaters beruht für ihn auf dem gesellschaftlichen Umbruch, der das moderne Frankreich charakterisiert. Um welche damaligen Theaterinstitute handelt es sich? »Die Theater des Boulevards, von denen ich eben sprach, und die ich in diesen Briefen [*Über die französische Bühne*] beständig im Sinne hatte, sind die eigentlichen Volkstheater, welche an der Porte-Saint-Martin anfangen, und dem Boulevard du Temple entlang, in immer absteigendem Werte sich aufgestellt haben.«

An der Spitze steht die Bühne der Romantiker, für Heine die beste Pariser Bühne: Das Porte-de-Saint-Martin-Theater, das in der damaligen Form erst seit 1814 existierte, triumphierte in den 30er Jahren dank seines modernen Repertoires. Das 1871 beim Commune-Aufstand zerstörte, aber 1873 rekonstruierte Haus befindet sich heute noch am Boulevard Saint-Martin 16 und steht voll in Betrieb.

Die Boulevard-du-Temple-Theater existieren nicht mehr, die meisten sind Haussmanns Modernisierung zum Opfer gefallen, der 1854 den immensen Place de la République errichten ließ. Ein Theater aus der Zeit hat aber überlebt, und selbst wenn es von Heine nie aufgesucht wurde, lohnt sich ein Besuch: Das 1852 gegründete Theater Dejazet, Boulevard du Temple 41, wird heute noch bespielt.

Die Korrespondenzartikel, welche die Überlegenheit der französischen Komödie kritisch herausstellen, sind ein willkommener Vorwand, deutsche Leser mit modernen Theaterzuständen zu konfrontieren. Wie auch immer die Qualität der volkstümlichen Lustspiele und Vaudevilles gewesen sein mag, ihre Überlegenheit verdanken sie der Tatsache, dass sie die krisenhafte Situation des modernen Frankreich bühnenreif gemacht haben. Heine fragt ausdrücklich nach dem »socialen Zustand« Frankreichs, der allen Produktionen seinen Stempel aufgedrückt hat. Die französischen Lustspieldichter haben den Vorteil für sich, dass sie die Stoffe für ihre Stücke sozusagen auf der Straße finden können. Ihre Komik und ihre Motive beruhen auf den »Kontrasten« und Brüchen, den Scherben und Trümmern einer bis in ihre Fundamente erschütterten Gesellschaft. Das zeigt sich für Heine besonders an der Lockerung aller Familienbande im bürgerlichen Frankreich. Das Hauptthema der Komödien lautet nicht Ehetreue, sondern Ehebruch. Die neuen Geschlechterverhältnisse, reibt Heine den Deutschen unter die Nase, sind in der französischen Komödie zu Schauplätzen wahrer »Geschlechterkriege« geworden. »Krieg, freylich, führen die beiden Gatten, wie überhaupt Mann und Frau, in allen Landen, aber dem schönen Geschlechte fehlt anderswo als in Frankreich die Freyheit der Bewegung […]. Hier aber stehen sich beide Ehemächte mit gleichen Streitkräften gegenüber, und liefern ihre entsetzlichsten Hausschlachten.«

1841 und 1843 ist Heine immer wieder in den Louvre gegangen, um sich von der Entwicklung der Kunstszene ein Bild machen zu können. Die Ausstellungen fanden im Salon Carré statt, dort, wo heute die großen italienischen Meister gezeigt werden.

Als erstes bedeutendes kulturelles Ereignis nach der Julirevolution wurde die Ausstellung von 1831 mit großer Spannung erwartet – und sie erfüllte alle Erwartungen. Heine schließt sich dem allgemeinen Urteil an und hält sie sogar für die »außerordentlichste« Exposition, die Frankreich je geboten habe; dieses Zusammenspiel von politischer und künstlerischer Revolution werde als Meilenstein in die Annalen der Kunst eingehen. Doch eine nüchterne kunstgeschichtliche Sicht relativiert diese Eindrücke: Dem *Salon* von 1831 kommt keineswegs die Bedeutung zu, die Heine ihm zuerkannt hat, als er, wie eingangs erwähnt, von einer »großen Revolution« in der Kunst geschwärmt hat. Die von Heine charakterisierten Maler sind heute, bis auf Delacroix, weitgehend vergessen und ihre Bilder ohne revolutionäre Bedeutung für die Malerei geblieben. Unter allen Künsten konnte sich die Malerei am wenigsten gegen die aufkommende Kommerzialisierung wehren. Ein Heine-Artikel von 1841 bestätigt diese Tendenz mit einem starken Bild: »Der diesjährige Salon offenbarte nur eine buntgefärbte Ohnmacht. Fast sollte man meinen, mit dem Wiederaufblühen der bildenden Künste habe es bey uns ein Ende; es war kein neuer Frühling, sondern ein leidiger Altweibersommer.«

Was Heine im *Salon* von 1831 durch den Kopf geht, ist nicht, einen Beitrag zur Kunstgeschichte zu schreiben, sondern die zeitkritischen Möglichkeiten des Mediums Kunstbericht auszunutzen. Seine Beschreibung von Delacroix' *La Liberté guidant le peuple* – es hängt bis heute im Louvre – verwandelt das Monumentalgemälde in ein Paradebeispiel der Moderne. Mit der Bildbeschreibung nutzt er die Gelegenheit, die für das biedermeierliche Deutschland schockierende »Popularität« der Revolution herauszustellen. Volksnähe kommt auch dann zur Sprache, wenn die »Freyheitsgöttin« in eine Reihe mit Dirne und Fischhändlerin gestellt und als Verkörperung der wilden, sich befreienden Volkskraft bezeichnet wird.

Die Beschreibung von Léopold Roberts Genrebildern ergänzt das Gemälde von Delacroix mit einer sozialen Perspektive. Hat Delacroix mit sonnendurchglühten Farben einen großen Gedanken abgebildet, so gelang Robert »mit seligen Farben« eine große Offenbarung: Das heute ebenfalls im Louvre ausgestellte Bild *Die Ankunft der Schnitter in den pontinischen Sümpfen* stellt ein »gemaltes Evangelium« dar. Entwickelte sich die Beschreibung der *Liberté* für Heine zum Symbol gegenwärtiger Emanzipation, entwirft die der *Schnitter* das utopische Bild einer befreiten und befriedeten Menschheit.

Unter dem symptomatischen Titel *Industrie und Kunst* zeigt ein Bericht von 1843, wie der Geist der Industrie so in die Kunst eingedrungen ist, dass eine Kunstindustrie erkennbar wird. Der »Geist der Bourgeoisie, der Industrialismus« hat jetzt auch die Malerei erfasst. Genau diese Tendenz stellt Heine angesichts der zahlreich ausgestellten Heiligenbilder mit einem verblüffenden Vergleich exemplarisch heraus. Ein Bild zeigt eine Geißelung, bei der die Hauptfigur ausgerechnet »dem Direktor einer verunglückten Actiengesellschaft ähnlich sieht, der vor seinen Akzionären steht und Rechnung ablegen soll«. Horace Vernet verkörpert den kommerzgeprägten Zeitgeist noch dazu durch seine Massenproduktion. Er, der 1843 allgemein als der größte und »nazionalste« aller französischen Maler gilt, ist auch der größte Serienproduzent. Er malt so naturgemäß, wie der Seidenwurm spinnt. »Kein Styl, aber Natur. Fruchtbarkeit die ans Lächerliche grenzt.« »Wie im Galopp«, so Heine, hat er in der jüngsten Zeit eine ganze Serie von »kolossalen Schlachtstücken« mit zahllosen Soldaten vorgelegt. Heine malt sich in diesem Zusammenhang eine Szene am Tag des Jüngsten Gerichts aus und kommt zu

dem Schluss: Wer mit seinen Werken und der dort abgebilde-
ten Armee von 100 000 Soldaten zum Richtplatz anmarschiert
kommt, dem wird zwangsläufig leicht verziehen, auch wenn er
kein Genie ist!

RIVE GAUCHE, RIVE DROITE.
HEINES WOHNUNGEN IN PARIS

Welche Richtung Heine bei seiner Ankunft in der ›gelobten‹ Stadt zuerst eingeschlagen hat, ist nicht gesichert. Bekannt sind aber sechzehn Wohn- und drei Postadressen, die eine gesicherte Spurenlese ermöglichen. Er war also fast permanent auf der Suche nach einer erschwinglichen und für seine Bedürfnisse und Ansprüche passenden Unterkunft. Was allerdings so ungewöhnlich, wie es heute wirkt, vielleicht gar nicht war: Von Baudelaire sind immerhin 43 Adressen bekannt. – Folgt man chronologisch allen Standorten von Heines Wohnungen, dann lässt sich eine große Halbkreisbewegung beobachten, die von der Rive gauche zur Rive droite der Seine, von dort weiter nach Nordwesten und schließlich nach Süden verläuft. Die weitaus meisten Adressen liegen im heutigen 9. Arrondissement. Dieses Viertel um die Kirche Notre-Dame de Lorette herum und am Montmartre gehörte damals zu den gehobeneren Wohnbezirken. Heines letzte Wohnung liegt westlich, ganz in der Nähe des Rond-Point der Champs-Élysées. Nur eine seiner Wohnadressen befand sich außerhalb der Stadtmauer der *Fermiers généraux*. Die Sommermonate verbrachte Heine bis 1847 ausnahmslos außerhalb von Paris, vorwiegend in der Normandie und an der Kanalküste, dreimal in der Île de France und zweimal in Kurorten der Pyrenäen – und das, obwohl er einmal schrieb: »Paris ist eigentlich Frankreich; dieses ist nur die umliegende Gegend von Paris. […] Frankreich sieht aus wie ein Garten, wo man alle schönsten Blumen gepflückt hat, um sie zu einem Strauße zu verbinden, und dieser Strauß heißt Paris.«

Heines erste Adresse, von der wir wissen, befindet sich auch heute noch in bester Lage. Zwischen Anfang Juli 1831 und Februar 1832 quartiert sich der Neuankömmling im 6. Bezirk im Hotel du Luxembourg, Rue Vaugirard 54, ein, die heute zu den längsten Straßen von Paris gehört. Das Haus lag direkt an einem Winkel des Luxembourg-Gartens.

Im Februar 1832 wechselt Heine die Seine-Seiten und bezieht auf der Rive droite vermutlich bis März 1833 eine Wohnung, die in der Rue de l'Echiquier 38, am Rand der heutigen 9. und 10. Bezirke, liegt. Das Innere dieser ersten Pariser Wohnung hat Freund August Lewald beschrieben: »Ehe ich Paris verließ, bezog Heine eine neue Wohnung in der Rue de l'Echiquier, au second, die er von einer alten Dame gemiethet hatte; sie lag im zweiten Hofe eines geräumigen Hotels, in welchem Gras wuchs, und eine Todtenstille lagerte.«

An der Straßenfront dieser Adresse steht heute ein sehenswertes Gebäude mit abgeschliffener Fassade und wehenden Fahnen: das 4-Sterne-Hotel Holiday Inn. In diesem stillen Hinterhof schreibt Heine seine Korrespondenzen für die *Allgemeine Zeitung* nieder, die unter dem klassisch gewordenen Titel *Französische Zustände* für Furore sorgen; hier erlebt er im März 1832 den Ausbruch der Cholera, hier wird er Zeuge des blutig niedergeschlagenen Republikaneraufstands. Ende November beginnt er dann mit den Vorbereitungen einer großen Artikelserie über die neueste deutsche Literatur, den Grundstock zur späteren *Romantischen Schule*. In der Hinterhofwohnung wagt Heine außerdem einen poetischen Neuanfang mit seiner erotischen und provozierenden Großstadtlyrik, die ab Januar 1833 unter dem Titel *Verschiedene* erstmals gedruckt wird.

Im März 1833 kehrt Heine auf die Rive gauche zurück und quartiert sich bis Juni 1835 in dem Hôtel d'Espagne, Rue des petits-Augustins 4, ein (heute Rue Bonaparte). Gleich um die Ecke herum erinnert eine Plakette an eine illustre Nachbarin. Im Hof des Quai Malaquais 19 wohnte George Sand von 1833 bis 1836. Heines Umzug erscheint zunächst geglückt, aber im Herbst, nach seiner Rückkehr aus dem Sommeraufenthalt in Boulogne-sur-Mer, erlebt der Hotelgast eine unangenehme Überraschung. Am 25. Oktober 1833 muss er seiner Mutter mitteilen: »Meine Wohnung in der Stadt, wo ich ein Jahr die völligste Ruhe genossen, hatte ich behalten, und Unglücklicher Mensch bey meiner Rückkehr ist eine Familie mit entsetzlichem Spektakel und Kindergeschrey grad unter mir eingezogen.« Lärm im Haus sollte eine negative Begleiterscheinung vieler seiner Umzüge bleiben.

Wie gut der Neuankömmling in Paris »angekommen« ist, bezeugen nicht nur seine guten Kontakte zu französischen Zeitschriften und Verlagen sowie den Künstler- und Intellektuellen-Kreisen der Stadt. Aber eine Bekanntschaft überragt alle anderen Begegnungen dieser Zeit: Im Oktober 1834 lernt er Crescence Eugénie Mirat kennen und verliebt sich in die junge Französin, die er Mathilde nennt. Wie sehr, das gesteht er im Juli 1835 seinem Hamburger Verleger: »Seit 4 Monathen ist mein Leben so stürmisch bewegt, namentlich in den drey letzten Monathen schlagen mir die Wogen des Lebens so gewaltig über den Kopf, daß ich kaum an Sie denken, viel weniger Ihnen schreiben konnte. Ich, Thor, glaubte die Zeit der Leidenschaft sey für mich vorüber, ich könnte niemals wieder in den Strudel rasender Menschlichkeit hineingerissen werden [...].«

Im ersten Pariser Jahrfünft hat der Junggeselle Heine vorwiegend in Hotelzimmern gewohnt und gearbeitet, deren Gebäude heute nicht mehr existieren. Dieses Leben weist zwar auf eine nur provisorische Einrichtung hin, war damals aber durchaus üblich, vor allem für einen Alleinstehenden: Er war mit Frühstück und Feuerung sowie mit Personal für Botengänge und Haushalt versorgt.

Schon in diesen ersten Jahren fällt eine paradoxe Konstante an Heines Pariser Wohnungssuche, besser »Wohnungsnot«, auf. Zwar liebt er über alles das urbane, aufgewühlte und begeisternde Leben der französischen Metropole, sehnt sich aber zum Arbeiten nach der stillen »Klause« – möglichst noch im Schatten eines alten Baumes. Das sind Bedingungen, die eigentlich nur das Landleben bieten und in Paris nur selten erfüllt werden konnte. Diesen Eindruck hat bereits August Lewald angesichts der ersten Heine-Wohnung auf der Rive droite gewonnen: »Seine Liebe für Ruhe und Stille in seiner Umgebung hat mich [...] oft seinetwegen in Sorgen gesetzt. In Paris wählt er lange bis er eine Wohnung findet, die ihn in der bezeichneten Hinsicht zufriedenstellt. Die einsamsten, entlegensten Straßen sind ihm die liebsten; und nun wählt er wieder einen einsamen, stillen Hof, oft den zweiten, dritten, wenn es seyn kann, weit weg vom Geräusche und Treiben des Lebens; kein Stall, kein Waschhaus, kein Handwerker darf in der Nähe seyn. Dann erst fühlt er sich wohl.«

Das Ende der ersten Pariser Wohnphase wird durch einige für die deutsche Literaturszene dramatische Ereignisse überschattet, die Heine aber nur aus der Ferne, sozusagen zwischen Tür und Angel, mitbekommt. Am 10. Dezember 1835 erfolgt der Bundestagsbeschluss gegen das Junge Deutschland, eine literarische Bewegung, der neben Heine Karl Gutzkow, Heinrich Laube, Theodor Mundt und Ludolf Wienbarg angehörten. Zu diesem Zeitpunkt hält sich Heine noch in Boulogne auf. Ende Dezember kehrt er nach Paris zurück und richtet sich kurzfristig im Grand Hotel de Bristol ein, Rue Traversière 22, heute Rue Molière, in der Nähe des Palais-Royal. Während dieser schweren Repressionsphase hat Heine also keinen festen Wohnsitz.

Biegt man heute vom Boulevard des Italiens aus in die zum Hügel leicht ansteigende, breite Rue du Faubourg Montmartre mit ihren vielen Restaurants ein und nähert sich der Cité Bergère, wird man von einem ganz speziellen Ambiente überrascht. Rechts weist ein Schild auf die Hotels de la Cité Bergère hin, momentan sieben an der Zahl. Der etwas versteckte, fünfzehn Meter tiefe und mit Säulen bestandene Durchgang ist hier wie beim Ausgang zur Rue Bergère mit einem abschließbaren Gitter versehen. Auf der sehr kurzen Straße mit Kopfsteinpflaster steht links das von Heine bezogene Gebäude Nummer 3 (dessen Fassade 2009 renoviert wurde). Insgesamt herrscht das Ambiente eines in sich abgeschlossenen, gesicherten Miniviertels mit Eigenschaften, die Heine immer gesucht hat. In dieser Cité wird Anfang Januar 1836 ein ruhig gelegenes Appartement fertig, das Heine mit Mathilde für zweieinhalb Jahre bezieht. Ein paar Jahre früher hätte Heine einen guten Freund als Nachbarn begrüßen können: Von Juni 1832 bis zum Frühling 1833 hat Frédéric Chopin – Heine nannte ihn in Briefen vertraulich »cher

Chop« – in der ersten Etage der Hausnummer 4 gewohnt, heute ein Hotel.

Heine hat diese Behausung schnell angenommen, nennt er sein Appartement doch »prächtig und wollüstig angenehm so daß ich jetzt warm und wollig sitze«. Die kleine, aus zwei Zimmern bestehende Wohnung wird er 1838 im Nachhinein allerdings als *taudis* abwerten, also als »Loch« oder »Bruchbude«. Der Paris-Besucher Franz Grillparzer hat 1836 in seinem Tagebuch eine sehr viel »belebtere« Version der Wohnung mit ihrer »tollen Wirthschaft« niedergeschrieben; er notierte am 23. April: »Tolle Wirthschaft. Denn er [Heine] wohnt da in ein paar der kleinstmöglichen Stuben mit einer oder zwei Grisetten, denn zwei waren eben da, die in den Betten herumstörten, von denen er mir eine, eben nicht zu hübsche, als seine petite bezeichnete. [...] Das zweite noch kleinere, Heines Arbeitszimmer, bekam durch die Spärlichkeit der Möbel fast das Ansehen des Geräumigen oder doch des Geräumten. Seine ganze ostensible Bibliothek bestand in Einem, wie er sagte, entlehnten Buche.«

In die Zeit in dieser Wohnung fallen schwere literaturpolitische Kämpfe. Gleich in den ersten Tagen in der Cité Bergère entschließt sich Heine, die Verbotspolitik des deutschen Bundestages mit dem ungewöhnlichen, offenen Protestbrief *An die hohe Bundesversammlung* anzugreifen. Seine Adresse geht damit in die Literaturgeschichte ein, denn unter das Schreiben setzt er stolz die Worte: »Paris, Cité Bergère Nr. 3, den 28 Januar 1836. Heinrich Heine, beider Rechte Doktor.« Noch in der Cité Bergère fällt im Dezember 1837 der Entschluss, die Arbeit an der *Ludwig-Börne*-Schrift zu beginnen.

Neuerdings richten sich in der breiten Einkaufsstraße mit

dem dramatisch klingenden Namen »des Martyrs« neue, schicke Geschäfte ein. »Martyrs«, das waren der Legende nach der heilige Saint-Denis und die ersten Christen, die zu ihrer Hinrichtung auf dem Hügel diese Straße passieren mussten. – Im Juli 1838 ziehen Heine und Mathilde für gut zwei Jahre in die Rue des Martyrs 23 ein. Diese Wohngegend galt damals als teuer. Zum Place Pigalle ist es nicht weit; in der Moulin de la Galette, Rue Lepic, fanden im 19. Jahrhundert öffentliche Bälle statt. Im vierten Stock bewohnt Heine eine Dreizimmerwohnung von gehobenem Ambiente. Zufrieden schreibt er im Juli 1838: »Mein neues Appartement würde Ihnen gefallen: die Zimmer groß, besonders der Speisesaal, große Spiegel, prächtige goldne Verzierungen, purpurne Bett- und Fensterdekorazionen, kurz ein glänzender Ruin.«

Hier gelangt die Arbeit am *Ludwig-Börne*-Projekt zum Abschluss. Die große Personal- und Zeitbiographie, die im August 1840 herauskommt, sorgt für weitere schwere Missverständnisse. Zu Beginn der 40er Jahre steht Heine völlig isoliert da. Das Buch ist ein kommerzielles Fiasko. Enthüllungen über Börnes Privatleben führen zu einem Duell, das rein zeitlich – ähnlich wie die Maßnahmen von 1835 – in eine Phase fällt, in der Heines Wohnsituation gerade unsicher ist.

Mitte September 1840 ziehen Heine und Mathilde wieder um; die neue Anschrift liegt nicht weit entfernt und lautet: Rue Bleue 25. An dieser Adresse auf der ruhigen Seitenstraße steht heute ein historisch interessantes Gebäude mit dekorativen Stahlfenstern und Säulen. Eine marmorne Gedenktafel trägt die Aufschrift: Edmé Jean Leclaire (1801–1872). Der Erbauer war ein weltbekannter Unternehmer und Wirtschaftswissenschaftler mit sozialreformerischen Ideen. Die Rue Bleue meint

Heine, als er Laube im September 1840 mitteilt: »wir haben eine neue Wohnung bezogen; und wunderhübsch eingerichtet hat mich meine Frau«. Der kurze Aufenthalt hier steht ganz im Schatten der Wirkungsgeschichte des *Börne*-Buches. Heines Darstellung des nach seinem Tod 1837 (Börne liegt auf dem Friedhof Père Lachaise begraben, Division 19) zu einer Art nationalen Großschriftsteller erhobenen Kollegen hat einen Sturm der Entrüstung ausgelöst. Die Verleumdungskampagne der Börne-Partei beißt sich an Heines Spott über Börnes *ménage à trois* mit Jeanette Wohl und Salomon Strauß fest. Im Juni 1841 kommt es zum »Skandal«, als Salomon Strauß unter Pariser Korrespondenten das Gerücht verbreiten lässt, er habe seinem Verleumder an der Kreuzung Rue de Richelieu/ Rue Saint-Marc im 2. Bezirk eine »weitschallende« Ohrfeige verpasst. Heine kann dieses Gerücht widerlegen und fordert Salomon Strauß auf Pistolen. Um allen eventuellen Folgen vorzubeugen, beschließen Heine und Mathilde, sich trauen zu lassen. Die Heiratsurkunde verzeichnet als Adresse: 25, Rue des Grands Augustins, in der Nähe des linken Seine-Ufers des 6. Bezirks. Diese Angabe hatte den Zweck, Mathildes Wunsch gemäß, die Trauung in der Kirche Saint-Sulpice vornehmen lassen zu können. Die kirchliche Zeremonie findet Ende August 1841 in der im jesuitischen Stil erbauten Kirche mit der monumentalen Fassade statt (2009 hielten die Restaurierungsarbeiten noch an). – Erst nach einem erneuten Umzug findet das Duell am 7. September 1841 bei Saint-Germain statt. Heine wird leicht an der Hüfte verletzt.

An der Hausnummer 72 der Rue du Faubourg Poissonnière erinnert eine Gedenktafel an einen berühmten Bewohner. Dort kann man lesen: »*HENRI HEINE / né à Düsseldorf le / 13 Décembre*

1797 / mort à Paris le /17 février 1856 / a vécu dans cette Maison de /
septembre 1841 à avril 1846.« Auf den nüchternen Text folgt das
bekannte Zitat über die Fische, die sich gegenseitig gestehen,
sich im Wasser so wohl zu befinden *»comme HEINE à Paris«.*
Noch während der Duellaffäre zieht das frischgetraute Ehepaar Heine in die zum Montmartrehügel leicht ansteigende
Straße, die direkt an die Rue Bleue grenzt. Dort hat es in Ab-
ständen zwei Wohnungen gemietet, und dort wird es die insgesamt längste Zeit an einem Ort beziehungsweise in einer
Straße verbringen: von September 1841 bis April 1846 in
der Nr. 46 (heute 72, das Haus mit der Gedenktafel) und an-
schließend bis zum Oktober 1847 in der Nr. 41 (heute 65).
Der Name der Straße erinnert an die Zeit, in der hier der Fisch
von der Küste zu den Pariser Markthallen transportiert wurde.
Der junge Ehemann zeigt sich zufrieden mit seiner als elegant
empfundenen Wohnung im vierten Stock. Seinem Freund Lewald teilt er am 13. Oktober 1841 mit: »Dieser Tage bin ich
umgezogen und meine Addresse ist jetzt: H. H. Faubourg
Poissonnière 46. Ich wohne sehr hübsch und es sieht sehr gut
bei mir aus; man möchte kaum glauben bei einem deutschen
Dichter zu sein.«

 Dort lebt Heine »still und isoliert«, genießt ein »sehr
glückliches häusliches Leben« in »kostbarster Seelenruhe«.
Wenn nur nicht der sich ständig verschlimmernde Gesund-
heitszustand wäre! Dieses immer bedrohlicher werdende
Augenübel! – Alexandre Weill verdanken wir eine ausführliche
Beschreibung der zweiten Wohnung in der Rue du Faubourg
Poissonnière: »Die Wohnung eines der größten Dichter, die
Deutschland je gehabt, stand gewiß hinter der eines franzö-
sischen Autors zweiten oder dritten Ranges weit zurück. Drei

ganz kleine Zimmer im dritten Stockwerk waren mit bescheidenem Comfort geziert, die Aussicht, wenn sie so zu nennen, ging auf einen engen und nicht eben lichten Hof hinaus. Der Kamin hatte die übliche weiße Marmorverkleidung, über ihm hing ein breiter Spiegel, eine Uhr im Porzellangehäuse, zwischen den in Frankreich unausweichlichen Blumenvasen mit künstlichen Bouquetten aufgestellt, ließ sie ihr Tiktak vernehmen; sie war der auffallendste Schmuck.«

In der ersten dieser beiden Wohnungen beginnt die arbeitsintensivste und radikalste Werkphase des Dichters. Das erste mit dieser Anschrift verbundene Werk erscheint Anfang 1843: der Journaldruck des humoristischen Versepos *Atta Troll*. Seit Ende 1841 entsteht neuartige Lyrik, die zumeist in Form von ironisch verschlüsselten Gedichten und in Rollenrede scharfe Zeitkritik übt. Im März 1844 werden die von Arnold Ruge und Karl Marx redigierten *Deutsch-Französischen Jahrbücher* mit Heines bösen »Lobgesängen auf König Ludwig« ausgeliefert – und sofort in Preußen verboten. Die Sammlung *Neue Gedichte* mit dem Zyklus »Zeitgedichte« kommt Ende September 1844 zusammen mit dem *Wintermärchen* heraus und erzielt einen sensationellen Vertrieb.

Es fällt auf, wie gegenwärtig die Rue du Faubourg Poissonnière in der neuen Lyrik ist. Am Ende von *Atta Troll* hat die Bärin Mumma ihr Auskommen im Jardin des Plantes gefunden, während das Fell Atta Trolls als Bettvorleger im Pariser Schlafgemach der Freundin Juliette landet. 1843 bricht Heine von dieser Wohnung aus zu seiner ersten Deutschlandreise auf, die er dann in seinem berühmten Versepos *Deutschland. Ein Wintermärchen* verarbeitet hat. Die Poissonnière-Wohnung ist wohl wieder gemeint, wenn sich der Erzähler des *Wintermärchens* nach Deutschland sehnt und seinen Aufbruch mit den Worten einleitet:

> Ade Paris du teure Stadt,
> Wir müssen heute scheiden
> Ich lasse dich im Überfluß
> Von Wonne und von Freude[n].

Dann verabschiedet er sich von seiner Frau und denkt sehnsuchtsvoll an die Rückkehr:

> O, daß ich wäre – seufzte ich –
> Daß ich zu Hause wäre,
> Bey meiner lieben Frau in Paris,
> Im Faubourg-Poissonière!

An diesem Ort ist im Juli 1843 eines von Heines berühmtesten Gedichten entstanden: »Nachtgedanken« (»Denk ich an Deutschland in der Nacht«). Es eröffnet ebenfalls eine überraschende topographische Perspektive und endet bekanntlich mit den tröstlichen Worten:

> Gottlob! Durch meine Fenster bricht
> Französisch heitres Tageslicht;
> Es kommt mein Weib, schön wie der Morgen,
> Und fächelt fort die deutschen Sorgen.

Geht man fehl, wenn man dieses Tageslicht in der Rue du Faubourg Poissonnière 72 aufgehen sieht?

In den Sommerferien verlässt Heine mehrmals sein Viertel.

1843 reist er allein zu seiner Mutter nach Hamburg, 1844 zusammen mit Mathilde. Im Sommer des nächsten Jahres mietet er sich in Montmorency, nördlich von Paris, ein. Sein Zustand verschlechtert sich stark, und er wird bettlägerig. 1847, ein Jahr vor dem Zusammenbruch, begibt er sich wieder mit großen Erwartungen nach Montmorency. Dort, in der Rue de la Chataigneray 2, findet er Ruhe, Stille, gute Landluft und hört sogar die Nachtigallen »wunderschön singen«. Seiner Mutter teilt er mit: »Ich habe eine wunderschöne Landwohnung in Montmorenzy gemiethet, kostet auch wunderschönes Geld, 1000 Franks für die Saison, und im May werde ich also hinausziehen und mich der völligsten, nervenstärkendsten Ruhe ergeben.«

Die Faubourg-Poissonnière-Wohnung muss in dieser Zeit dagegen einem regelrechten Ansturm ausgesetzt gewesen sein. In den Jahren 1841 bis 1847 trifft Heine zwar in Paris mit führenden oppositionellen Schriftstellern und Publizisten des Vormärz zusammen, wie mit Dingelstedt und Herwegh, mit Karl Marx, Ferdinand Lassalle und Friedrich Engels. Aber für viele bleibt Heines Wohnung tabu. Mathilde wacht auf der Schwelle und zeigt sich fest entschlossen, keinen Deutschen mehr hineinzulassen – sie erkennt diese, wie sich ein Zeitzeuge erinnert, »auf den ersten Blick«, vornehmlich an ihren Kleidern und Schuhen. 1846 überrascht Heine wohl seine Freunde, als er ein großes Diner ankündigt; an Ferdinand Lassalle schreibt er: »In einigen Tagen will ich ihr [Mathilde] bei mir ein großes Diner geben, wozu ich Royer, Balzac, Gautier, Goslan usw. einlade.«

Ein ganz Großer seiner Zeit hat aber Pech. Als Heine eines Tages nach Hause kommt, empfängt ihn seine Frau mit den vorwurfsvollen Worten, ein ganz alter Herr sei da gewesen; sie habe sehr bedauert, dass dieser ganz umsonst die vier Etagen hochgestiegen sei. Heine nimmt die Visitenkarte, die der Herr dagelassen hat, und antwortet: »Tröste dich, mein Kind [...] der Mann ist schon höher gestiegen als zu uns.« Es war die Visitenkarte Alexander von Humboldts.

Verlässt Heine seine Wohnung, stattet er zum Beispiel Victor Hugo am Place du Vosges 6 einen Besuch ab. Der Place du Vosges hieß damals noch Place royale; in Hugos Wohnung, die Heine mehrfach besuchte, ist heute ein Museum eingerichtet. Der Weg dorthin lohnt sich für Heine gleich doppelt, denn im Haus mit der Nummer 8 wohnte, wie eine Gedenktafel verrät, sein guter Freund Théophile Gautier.

Einen Höhepunkt der persönlichen Begegnungen dieser Phase stellen ohne Zweifel die freundschaftlichen Beziehungen zu den linken Schriftstellern Marx, Ruge, Herwegh und Heß dar. Heine muss die Seine überqueren, will er in den Faubourg Saint-Germain gelangen, wo 1844 um die Rue Vaneau herum eine deutsche Emigrantenkolonie entstanden ist. In der Nummer 38 wohnte das Ehepaar Karl und Jenny Marx von März 1844 bis Februar 1845, also bis zu ihrer Ausweisung aus Paris. Eine Etage darunter logierte Arnold Ruge, der im Oktober in die Nummer 30, Rue Notre-Dame de Lorette, umzieht, direkt in Heines Viertel. In der Nummer 22 lag die als Büro dienende Wohnung, in der die beiden Philosophen die *Deutsch-Französischen Jahrbücher* redigiert haben. In der Hausnummer 4 der Parallelstraße Rue Barbet-de-Jouy hatten sich seit November 1843 Georg und Emma Herwegh eingerichtet. – In dieser ungewöhnlichen Konstellation können nur ungewöhnliche Begegnungen stattfinden. Heine liest dort seine neue politische

Lyrik vor und feilt zusammen mit Karl Marx stundenlang an einzelnen Versen. Wie intensiv die Zusammenarbeit gewesen ist, hat Marx' Tochter Eleanor festgehalten: »Es gab eine Zeit, wo Heine tagaus, tagein bei Marxens vorsprach, um ihnen seine Verse vorzulesen und das Urtheil der beiden jungen Leute einzuholen. Ein Gedichtchen von acht Zeilen konnten Heine und Marx zusammen unzählige Male durchgehen, beständig das eine oder andere Wort diskutirend und so lange arbeitend und feilend, bis alles glatt und jede Spur von Arbeit und Feile aus dem Gedicht beseitigt war.«

Marx sorgt dann für den Druck des *Wintermärchens* in dem in Paris erscheinenden *Vorwärts!*. Die Redaktion lag in der Nähe des Palais-Royal, in der Rue des Moulins 3.

Ein Tiefpunkt in der Faubourg-Poissonnière-Zeit wird im Dezember 1844 mit dem Tod Salomon Heines erreicht. Der Hamburger Bankier überlässt seinem gesundheitlich schon stark geschwächten Neffen nur einen Bruchteil seines großen Vermögens. Der langwierige Erbschaftsstreit mit Vetter Carl Heine und der Familie beginnt – für Heine ein Todeskampf, der seine Gesundheit endgültig ruinieren wird. Zur Versöhnung kommt es erst im Februar 1847, als Carl nach Paris reist und dem Dichter die Fortzahlung seiner Jahrespension von 4800 Franc zusichert. Im Februar 1846 fühlt sich Heine elend wie nie. Ihm wird endgültig bewusst, dass er nicht mehr zu retten ist. Er redigiert am 27. September ein Testament, in dem er verfügt, im Falle seines Ablebens möchte er auf dem Kirchhof des Montmartre begraben werden.

Für die kurze Zeitspanne von Oktober 1847 bis Januar 1848 zieht Heine in die Nähe seines alten Bezirks zurück. Seine Anschrift lautet: 21, Rue de la Victoire, und liegt im heutigen 2. Stadtbezirk nördlich des Place des Victoires. Die Rue de la Victoire ist der Auftakt zu einer Reihe von Wohnungswechseln, die in eine Zeit schwerster, dieses Mal dramatischer persönlicher Veränderungen fallen. Auf das sechsjährige Domizil in der Rue du Faubourg Poissonnière folgen drei kurze Aufenthalte, in denen sich der endgültige gesundheitliche Zusammenbruch vollzieht. Zunächst begrüßt Heine den neuesten Umzug. Im November beruhigt er seine Mutter mit den Worten: »Meine neue Wohnung ist schöner, aber kleiner als die vorige; bis jetzt bin ich damit zufrieden.« Bald muss er jedoch beständige Klopfgeräusche ertragen. Dennoch kann er sich über eine bisher unbekannte, bequeme Einrichtung freuen. Seine Mutter setzt er glücklich darüber in Kenntnis: »Meine Frau hat mir bereits mein Weihnachtsgeschenk gekauft (für ihr erspartes Geld) nemlich einen prächtigen Nachtstuhl, der wirklich so prächtig, daß sich die Göttinn Hammonia desselben nicht zu schähmen brauchte. Ich vertausche ihn nicht gegen den Thron des Königs von Preußen. Ich sitze darauf ruhig und sicher und scheiße allen meinen Feinden was!«

Der beständige Lärm macht einen weiteren, möglichst schnellen Umzug unvermeidbar: »[...] unter meinem Schlafzimmer hat mein infamer Hauswirth, gegen Recht und Uebereinkunft, seine Pferde einquartirt, welche die ganze Nacht stampfen und mir den Schlaf rauben. Den ganzen Tag verbringe ich außer dem Hause wegen des Klopfens.«

Im Januar oder Anfang Februar 1848 erfolgt der Umzug in die Rue de Berlin 9, die im Nordwesten des 9. Arrondissements und im damals neuerrichteten Europa-Viertel liegt. Jahrzehnte später wird es Künstler wie Mallarmé anziehen, der in der Rue de Rome 89 gewohnt hat. Heute steht an Heines Straße, die in Rue de Liège umbenannt worden ist, ein zweigeschossiges Gebäude mit Außendekorationen und dem Vereinsschild »Fédération française de Rugby«. Diese Adresse wird Heine bis September offiziell beibehalten. Aber zwischen Februar und Mai 1848 muss er kurzfristig auf die Rive gauche in das *maison de santé* seines Freundes, des Arztes Faultrier, übersiedeln. Diese Heilanstalt liegt in der Rue de l'Oursine 84, heute Rue Broca, und in der Nähe der Mauer der *Fermiers généraux* im 13. Arrondissement. Diese Straße konnte viel von ihrem ursprünglichen Charakter retten, was sich an alten Häusern auf der ungeraden Seite zeigt, die früher an das Flüsschen Bièvre angrenzten. Anfang Mai wird Heine in seine Wohnung in der Rue de Berlin zurücktransportiert.

Nach der Rückkehr beschließt der Dichter, die westliche Stadtgrenze zu überqueren und für knapp fünf Monate ein Gartenhaus in Passy, Grande Rue 64, zu ziehen (heute Rue de Passy). Passy war damals noch eine selbständige Gemeinde, heute gehört sie zum vornehmen 16. Bezirk von Paris. Gegenüber von Heines damaliger Adresse liegt jetzt der kleine Place de Passy mit einladenden Café- und Restaurantterrassen. Der Platz hat sich etwas vom Charakter eines dörflichen Zentrums bewahrt. Ein echtes Bild vom damaligen Passy vermittelt das nahe gelegene Maison de Balzac. In der Rue Raynouard 47 hat Heines Freund von 1840 bis April 1847 gewohnt. Heine beurteilt die neue Bleibe zunächst mit einer gewissen Skepsis; er schreibt seiner Mutter: »Ob ich es mit dieser Wohnung gut getroffen, ob nicht neue Störungen mir auch hier das Leben verleiden werden, das weiß ich nicht. Bis jetzt hat mich das

Unglück immer verfolgt in jeder Wohnungsveränderung. Vor der Hand geht es mir noch leidlich. Ich schreibe Dir diese Zeilen im Freyen, unter einer grünen Laube, wo die Sonnenlichter mir auf's Papier spielen, was sehr hübsch ist, aber mir das Schreiben sehr erschwert; mein Augenübel, überhaupt meine Gesichtsmuskellähmung ist momentan in seiner unausstehlichsten Blüthe.«

Seinem Verleger Julius Campe gegenüber wird er deutlicher: »Meine Krankheit hat zugenommen in einem fürchterlichen Grade. Seit 8 Tagen bin ich ganz und gar gelähmt [...] meine Beine wie Baumwolle und werde wie ein Kind getragen. Die schrecklichsten Krämpfe.«

Im September ist er entschlossen, die *villa dolorosa de Passy* zu verlassen und in die Pariser Wohnung in der Rue de Berlin zurückzukehren. Die Hin- und Rücktransporte lassen auf bittere Weise bewusst werden, dass Heine dazu verurteilt ist, die Revolutionen von 1848 nur als Zaungast zu erleben. – Während der siegreichen Februarrevolution, der die Proklamation der Republik Frankreich folgt, wird Heine allerdings Augenzeuge der Pariser Straßenkämpfe. Am 23. Februar, nach einem Besuch in seiner Wohnung in der Rue de Berlin, fährt der Kranke zurück in die Heilanstalt Faultrier. Auf dem Weg ins Gobelin-Viertel muss er das Zentrum durchqueren. Sein Wagen wird unterwegs angehalten, von Aufständischen konfisziert und zweckentfremdet zum Barrikadenbau verwendet. Dieses Geschehen hält eine Zeitungskorrespondenz Heines vom 3. März mit selbstironischer Distanz fest: »Ich hatte einen guten Platz um der Vorstellung beyzuwohnen, ich hatte gleichsam einen Sperrsitz, da die Straße, wo ich mich zufällig befand, von beiden Seiten durch Barrikaden gesperrt wurde.

Nur mit knapper Noth konnte man mich wieder nach meiner Behausung bringen.«

Den erneuten Ausbruch der Revolution am 23. Juni und ihre blutige Niederschlagung durch General Cavaignac erlebt Heine dann im Gartenhaus in Passy. Am 9. Juli schreibt der völlig Gelähmte desillusioniert an Campe: »Ueber die Zeitereignisse sage ich nichts; das ist Universalanarchie, Weltkuddelmuddel, sichtbar gewordener Gotteswahnsinn.«

Paris, das Fest des Lebens, ist jetzt endgültig vorbei. Nunmehr ist jede neue Wohnung nur noch »Matratzengruft«. Die erste befindet sich in unmittelbarer Nähe seiner vorherigen Wohnung. Auf die instabile letzte Zeit folgt jetzt die längste Wohnperiode an einem einzigen Ort überhaupt. Von September 1848 bis August 1854, also knapp sechs Jahre, lautet die Anschrift: Rue d'Amsterdam 50, heute 54. Heine ist wieder in die Stadt zurückgekehrt und hat im Hinterhof dieser damals ruhigen, heute befahrenen Durchgangsstraße, die von dem Place de Clichy zum Bahnhof Saint-Lazare führt, ein Domizil gefunden.

Der lebendig Tote, der sein »Unleben« scharf anklagt, ist zunächst mit dem Umzug ganz zufrieden, schreibt er doch seiner Mutter: »Wir leben ruhig, still und sicher vor dem Schuß.« Aber bald bedauert er den Fehler, aus ökonomischen Gründen eine für seinen Nervenzustand zu enge und zu laute Wohnung ausgesucht zu haben.

Die Therapie ist zu einer Tortur geworden. Die behandelnden Ärzte Gruby und Wertheim verschreiben immer stärkere Dosen von Morphium und Opium. In vier neben der Wirbelsäule künstlich offen gehaltenen Wunden werden brennende Dochte appliziert oder Morphium verabreicht. In dieser ausweglosen Situation findet der todkranke Dichter noch die Kraft, sein äußerst umfangreiches Spätwerk mit neuartiger Lyrik und exemplarischer Prosa zu beginnen und zu vollenden. In der Rue d'Amsterdam entstehen ab Herbst 1849 die großen Geschichtsbilder und Klagelieder der dritten Lyriksammlung Heines, des *Romanzero*. Am 30. April 1849 versucht er Campe mit dem Geständnis zu locken: »Nur zwey Tröstungen sind mir geblieben und sitzen kosend an meinem Bette: meine französische Hausfrau und die deutsche Muse. Ich knittele sehr viel Verse.« Ohne sicher zu sein, den Druck dieser Verse noch erleben zu können, und trotz einer Vertrauenskrise im Verhältnis zu seinem Verleger Campe gelingt es ihm, den Lyrikband zusammenzustellen und abzuschließen. Im Oktober 1851 erscheint der *Romanzero* und wird zu einem sensationellen buchhändlerischen Erfolg.

In der Rue d'Amsterdam erhält Heine viel Besuch, und er spottet, dass er »zuletzt wie eine Reliquie betrachtet werde«. Hier suchen ihn auch die Maler Ernst Benedikt Kietz und Charles Gleyre auf und fertigen ihre Porträts von Heine an. Die von den beiden geschaffenen Altersbildnisse haben die Ikonographie des späten Heine bestimmt. 1851 und 1852 kommen die beiden Brüder Gustav und Maximilian nach Paris. Für weiteren Familienbesuch sorgt Vetter Carl Heine im April 1850 und dann, zusammen mit Heines Cousine Therese Halle, im Juni 1853.

Was Heine von der damaligen urbanen Bautätigkeit mitbekommt, ist erstaunlich. 1853, als Präfekt Haussmann die gigantische und radikale Renovierung von Paris in Angriff nimmt, bemerkt er sehr nüchtern: »Hier ist Alles ruhig, und ganz Paris ist mit Bauen beschäftigt. Alles wird umgerissen und neu gebaut, und man weiß kaum mehr, wo die alten Pißwinkel zu finden sind.« Hat er den Krach der Abrissbirne gehört, die das Paris verschwinden lässt, das er so geliebt hat? Hat der Autor mit *Lutezia* dem untergegangenen Paris der Julimonarchie einen Abschiedsgesang gewidmet?

Auf die Jahre in ein und derselben »Matratzengruft« folgt Ende August 1854 der kürzeste und besonders unglückliche Aufenthalt im 9. Bezirk. Die neue Wohnung liegt nur um die Ecke der beiden vorherigen Wohnungen. Für zwei Monate zieht das Ehepaar Heine nach Batignolles in die Grande Rue 51, in die unmittelbare Nähe der Mauer der *Fermiers généraux*. An dieser Adresse der inzwischen in Avenue de Clichy umbenannten Straße steht heute ein hohes Bürohaus. Ende August 1854 teilt Heine seiner Mutter mit, er habe nahe der Barrière von Paris ein ganzes Haus mit großem Garten und altem Baumbestand gemietet. Seine ganze Hoffnung ruht auf der therapeutischen Wirkung von guter Luft und Sonne, von Bäumen und »schönen Pflaumen, die mir überreif fast ins Maul fielen«. Aber die Sache hat einen Haken: Es ist sehr kalt und feucht und wird im Winter unerträglich sein. Die ständigen Umzugskosten belasten sein Budget. Campe rät dennoch zu einem erneuten Umzug, und Heine antwortet ihm sarkastisch: »Sie scheinen dabei zu vergessen, wer mein Verleger ist.«

Im November 1854 zieht Heine zum allerletzten Mal um. Eine kleine Gedenktafel an der Hausnummer 3, Avenue Matignon, erinnert heute an den, der hier 1856 gestorben ist. Sein Sterbehaus selbst wurde in den 30er Jahren des 20. Jahrhunderts abgerissen und durch das gegenwärtige ersetzt. Im 5. Stock verbringt er die letzten fünfzehn Monate seines Lebens. Die Einnahmen aus den *Vermischten Schriften* erlauben es dem Dichter, diese teure Wohnung unmittelbar neben den Champs-Élysées zu beziehen. »Meine neue Wohnung ist wunderschön, und lebe ich nur noch ein einziges Jährchen, so entschädigt sie mich reichlich für die Opfer die ich gebracht durch das zweimalige Umziehen. Aber meine Finanzen hat letzteres erschöpft.«

Dagegen erinnert sich ein Besucher wie der Rechtsanwalt Henri Julia eher an eine einfache und bescheidene Wohnung. Diesen Eindruck bestätigt die Literatin und Übersetzerin Elise Krinitz, die präzisieren kann: In dem Zimmer stand ein »mit Papier bekleideter Wandschirm«, und auf einem niedrigen Lager dahinter ruhte der fast blinde Heine. Das Mobiliar des großen, »traurigen« Zimmers besteht aus einem Nussbaum-sekretär, drei Tischen, von denen einer »heilig« und jedem anderen unzugänglich ist, einigen Sesseln und Stühlen sowie aus langen blauen Vorhängen. An den Wänden hängen drei Stiche von Léopold Robert, u. a. nach dem berühmten Bild *Die Ankunft der Schnitter in den pontinischen Sümpfen*, das Heine in *Französische Maler* begeistert analysiert hat, sowie eine kleine Gravüre von Charles Gleyre, eine Lithographie von Julius Giere und Mathildes Porträt von Alexandre Laemlein.

Die Wohnung hat den großen Vorteil, über einen wind-geschützten Balkon mit einem eigens bereiteten niedrigen La-ger zu verfügen. Adolf Stahr erinnert sich, wie sehr Heine dort frische Luft und Sonnenschein genießen konnte. Er beschreibt eindrucksvoll, was Heine von der Stadt Paris überhaupt noch wahrzunehmen vermochte: »[Heine] hieß mich hinaustreten, um mich an der Aussicht auf die grünen Bäume und das ferne bunte Leben der Elysäischen Felder zu erfreuen. Als ich Beides nach Gebühr lobte, bemerkte er: ›Sie können nicht wissen, wie mir zu Muthe war, als ich nach so vielen Jahren von da aus zum ersten Male wieder mit meinem einen halben Auge die Welt sah, und es war doch so wenig. Ich hatte mir das Opernglas meiner Frau auf mein Lager reichen lassen und sah mit unglaublichem Vergnügen einem Pastetenbäckerjungen nach, der zwei Damen in Crinolin-Röcken seine Pastetchen anbot, und einem kleinen Hunde, der daneben auf drei Beinen an einem Baume stand und sich erleichterte! Da machte ich das Glas zu; ich wollte nichts mehr sehen – denn ich beneidete den Hund!‹«

Was für ein bitteres Paradox! Als seine Tage schon gezählt sind, scheint Heine die Wohnung gefunden zu haben, die er dreiundzwanzig Jahre lang gesucht und von der er immer nur geträumt hat: ein Stück Campagne in der Metropole. »Wir wohnen sehr geräumig jetzt und alle Fremden welche hierherkommen, bewundern die schöne Aussicht und die gute Luft die wir genießen, so daß wir im glänzendsten Mittelpunkt von Paris uns befinden und doch wie auf dem Lande zu sein scheinen.«

In den Monaten vor dem Tod kommt eine ganze Reihe vertrauter Besucher zu Kranken- beziehungsweise Abschiedsbesuchen in die Rue Matignon. Treu gebliebene Franzosen wie Michel Chevalier, Berlioz, François Mignet, Nerval, Béranger, Théophile Gautier und Jules Janin. Oder Campe, der im April 1855 zu Gesprächen über die vertraglich gesicherten Rechte an der Werkausgabe nach Paris kommt und seinen liebsten Autor ein letztes Mal sieht. Zuletzt kommen auch enge Familienmitglieder wie Bruder Gustav und Schwester Charlotte. Eine bewegende, aber für Heine auch sehr eigenartige Begegnung muss der Besuch eines deutschen Männerchors gewesen sein, der ihm am Krankenbett Vertonungen seiner Gedichte vortrug.

Besonders Frauen zeigen bis in die allerletzten Tage ihre unerschütterliche Verbundenheit, wie Cristina di Belgiojoso und Caroline Jaubert – beide haben den Pariser Neuankömmling schon vor mehr als zwanzig Jahren in ihren Salons empfangen. Mit Elise Krinitz, die im Juni 1855 zu ihm kommt, um ihm Übersetzungen seiner Gedichte vorzulegen, verbindet ihn ein eigenartiger Flirt. Der Achtundzwanzigjährigen, die er »Mouche« nennt, gesteht Heine: »Ich liebe Sie mit todtkranker, innigster Zärtlichkeit.« In dem Mouche-Gedicht »Lotosblume« fasst er die unmögliche Liebe in bittere Verse:

> Wahrhaftig wir beide bilden
> Ein kurioses Paar
> Die Liebste ist schwach auf den Beinen
> Der Liebhaber lahm sogar.

Am 17. Februar stirbt Heine um fünf Uhr morgens. Am 19. Februar wird die Totenmaske abgenommen. Einen Tag später verlässt die Trauergemeinde die Rue de Matignon 3 und versammelt sich am Grab auf dem Friedhof Montmartre.

DAS GRAB AUF DEM MONTMARTRE

»Ich verordne, daß mein Leichenbegängniß so einfach sei und so wenig kostspielig wie das des gringsten Mannes im Volke. Sterbe ich zu Paris, so will ich auf dem Kirchhofe des Montmartre begraben werden, auf keinem andern, denn unter der Bevölkerung des Faubourg Montmartre habe ich mein liebstes Leben gelebt.«

So verfügte es Heine 1846 in seinem Testament. Auch wenn er seinen Letzten Willen später noch mehrmals abänderte, bei der Wahl der Ruhestätte blieb es, und am 20. Februar 1856 wurde er auf dem Friedhof Montmartre (18. Arrondissement; Avenue Rachel 20) beerdigt. Sein Grab befindet sich dort in der Avenue Hector Berlioz und liegt in der Abteilung 27, zweite Reihe. Es ist der wichtigste Heine-Gedenkort in Paris, und gewissermaßen war es auch das erste und lange Zeit einzige öffentlich zugängliche Heine-Denkmal überhaupt.

Heines ausgeprägtes Ruhebedürfnis, das der Grund für manche der vielen Wohnungswechsel während seines Pariser Lebens war, scheint ihn auch bei der Entscheidung für seinen letzten Umzug geleitet zu haben. Denn der schattige und intime Friedhof Montmartre ist, damals wie heute, eine kleine Oase der Stille – erst recht im Vergleich zum viel berühmteren Père Lachaise. Diese große, betriebsame Totenstadt gilt als der eigentliche »Prominentenfriedhof« von Paris und ist von jeher ein Anziehungspunkt für Scharen von Touristen aus aller Welt gewesen. Der weitaus kleinere Friedhof Montmartre hingegen ist ein Ruheort für die Pariser Bürger geblieben, eher ein Ziel für Spaziergänger als für Massen von »Grabtouristen«.

Die Vergangenheit des Areals ist jedoch wenig idyllisch: Hier befanden sich Steinbrüche, in denen schon in gallorömischen Zeiten Gips abgebaut wurde. Der feine weiße Staub, der überall von den Pferdekarren rieselte, die zu den zahlreichen Gipsmühlen des Viertels fuhren, hat bis heute seine Spuren hinterlassen, wie sich an Straßennamen wie Rue Blanche oder Place Blanche ablesen lässt. Während der Französischen Revolution entstand hier erstmals ein Friedhof, allerdings kein besonders schöner: Die inzwischen verlassenen Steinbrüche dienten als Massengräber für die Opfer von Straßenkämpfen.

In der Zeit danach blieb der Ort dann lange eine anonyme Begräbnisstätte, bis die Stadt Paris im Jahre 1798 hier schließlich ein Grundstück ankaufte und den ersten offiziellen Friedhof Montmartre einrichtete. Er erwies sich allerdings schnell als zu klein und musste 1806 schon wieder geschlossen werden. 1825 wurde dann der neue, bis heute bestehende Friedhof eröffnet, den man 1847 vergrößerte. Seitdem ist er von der Anlage her unverändert, abgesehen von der wuchtigen metallenen Brückenkonstruktion, die 1888 (im Vorfeld der Weltausstellung von 1889) errichtet wurde. Hier überquert die starkbefahrene Rue Caulaincourt den Friedhof. Sie hängt so tief, dass sie beinahe die Spitzen einiger der unter ihr befindlichen Grabkapellen berührt!

Der einfachste Weg zu Heines Grab führt vom Eingang geradeaus die Avenue Principale entlang, dann wendet man sich nach links in die Avenue Hector Berlioz. In der Abteilung 27, linker Hand, stößt man dann auf das in der zweiten

Reihe aufragende weiße Marmormonument mit dem gebeugten bärtigen Dichterkopf.

Ursprünglich war das Grab weitaus schlichter. Mathilde Heine hatte seinerzeit die Gestaltung ausgewählt: eine leicht gewölbte Grabplatte aus Granit, umsäumt von einem niedrigen eisernen Gitter, am Kopfende ein flacher, oben abgerundeter Sandstein, auf dem eine stilisierte Amphore stand und der lediglich die Inschrift »Henri Heine« trug. Wenn man über den Friedhof Montmartre schlendert, entdeckt man auch heute noch eine ganze Reihe älterer Gräber dieser Art und bekommt einen guten Eindruck davon, wie Heines Grabmal zunächst aussah. Es entsprach also den Gepflogenheiten und ganz gewiss auch den Wünschen Heines, der sich sein Begräbnis schließlich »so einfach […] und so wenig kostspielig wie das des gringsten Mannes im Volke« gewünscht hatte und auch bei seiner Trauerfeier wenig Aufhebens und keinerlei Zeremonie wollte. In seinem Testament legte er fest, dass er ohne Anwesenheit eines Priesters beerdigt werden wollte: »Ich verbiete, daß irgendeine Rede, deutsch oder französisch, an meinem Grabe gehalten werde. Gleichzeitig spreche ich den Wunsch aus, daß meine Landsleute, wie glücklich sich auch die Geschicke unsrer Heimat gestalten mögen, es vermeiden, meine Asche nach Deutschland überzuführen; ich habe es nie geliebt, meine Person zu politischen Possenspielen herzugeben.«

Mathilde hatte keine Todesanzeigen verschickt. Die Pariser Zeitungen meldeten aber die Nachricht von Heines Tod, und in *La Presse* erschien am 19. Februar eine Annonce, welche die Beisetzung für den nächsten Tag um zehn Uhr anzeigte. Etwa 100 Personen bildeten den Trauerzug, der am 20. Februar 1856 von der Avenue Matignon 3 zum Friedhof Montmartre führte. Es waren überwiegend Deutsche, aber auch französische Freunde wie Alexandre Dumas, Théophile Gautier, François-Auguste Mignet, Alexander Weill, die Heine auf seinem letzten Weg begleiteten. Erstaunlicherweise war seine Familie nicht vertreten. Der einzige anwesende Verwandte war der Publizist und Rechtsanwalt Joseph Cohen, der mit einer Cousine Heines verheiratet war. Heines testamentarisch geäußerter Wunsch, dass keine Rede gehalten werden sollte, wurde respektiert. Berühmt ist seine eigene poetische Vision des Gedenkens an seinem Grab, die er 1851 für den *Romanzero* schrieb:

> Keine Messe wird man singen,
> Keinen Kadosch wird man sagen,
> Nichts gesagt und nichts gesungen
> Wird an meinen Sterbetagen.
>
> Doch vielleicht an solchem Tage,
> Wenn das Wetter schön und milde,
> Geht spazieren auf Montmartre
> Mit Paulinen Frau Mathilde.
>
> Mit dem Kranz von Immortellen
> Kommt sie mir das Grab zu schmücken,
> Und sie seufzet: *Pauvre homme!*
> Feuchte Wehmut in den Blicken.
>
> Leider wohn' ich viel zu hoch,
> Und ich habe meiner Süßen
> Keinen Stuhl hier anzubieten;
> Ach! sie schwankt mit müden Füßen.

Süßes, dickes Kind, du darfst
Nicht zu Fuß nach Hause gehen;
An dem Barrière-Gitter
Siehst du die Fiaker stehen.

Mit »Barrière-Gitter« ist die Zollstation der *Barrière Blanche* gemeint, des damals unmittelbar vor dem Friedhofseingang gelegenen Abschnitts der Pariser Stadtmauer, der hier entlang des Boulevard de Clichy und des Boulevard des Batignolles verlief. Die in dem Gedicht genannte »Pauline« ist Pauline Rogue, die engste Freundin von Mathilde Heine, die seit den 40er Jahren zeitweilig mit im Haushalt des Ehepaars Heine gelebt und sich vor allem während der Krankheit des Dichters als Wirtschafterin unentbehrlich gemacht hatte. Pauline und Mathilde wohnten nach Heines Tod lange Jahre zusammen in Passy. Als Mathilde 1883 starb, wurde sie neben Heine beerdigt, und die Inschrift wurde ergänzt um »Madame Heine«.

Die Verantwortlichkeit für das Grab und seine Pflege lag danach zunächst bei einem Neffen Mathildes, einem Fabrikarbeiter, der möglicherweise gar nichts davon wusste. Aber anderswo fühlte man sich verantwortlich: 1897 sammelte die *Frankfurter Zeitung* Spenden zu einem Verschönerungsfonds für das Heine-Grab, der fortan für frischen Blumenschmuck und Bepflanzung sorgte – was der deutschen Friedhofskultur entsprach, wohingegen man in Frankreich mit Grabbepflanzung eher zurückhaltend ist. In Wien und in Hamburg plante man derweil die bauliche Umgestaltung und die Errichtung des Grabdenkmals, das auch heute noch dort steht. Das 1900 gegründete »Comité Wiener freisinniger Bürger zur Bekränzung des Heine-Denkmals«, angeführt von dem liberalen Parlamentsabgeordneten Konstantin Noske, warb Spendengelder dafür ein, mit denen schon bald die von dem dänischen Bildhauer Louis Hasselriis geschaffene Grabplastik erworben werden konnte.

Hasselriis stammte aus Hillerød auf Seeland und lebte lange Zeit in Rom. Er hatte zuvor bereits eine große Marmorskulptur des sitzenden Heine geschaffen, welche Elisabeth, Kaiserin von Österreich und Ungarn, die den Dichter sehr verehrte, 1891 im Park ihres Privatschlosses auf Korfu hatte aufstellen lassen (später war sie an verschiedenen Standorten in Hamburg, heute befindet sie sich im südfranzösischen Toulon). An diesem Denkmal orientierten sich auch seine Entwürfe und das Gipsmodell für die Pariser Grabplastik. Hasselriis reiste eigens nach Hamburg, um seine Pläne dort der hochbetagten Schwester des Dichters, Charlotte Embden, vorzulegen. In seinem Atelier in Rom führte Hasselriis seine Pläne aus, und am 24. November 1901 wurde sein Denkmal auf Heines Grab feierlich enthüllt. Was Heine sich für seine Beerdigung ausdrücklich verbeten hatte, geschah bei dieser Gelegenheit nun doch: Es wurden Reden gehalten, und der Gesangverein des deutschen sozialistischen Leseclubs von Paris brachte Heines »Ihr Bild« in der Vertonung von Felix Mendelssohn Bartholdy zu Gehör. Zum Abschluss der Feier erklang die »Loreley«. Der Hauptredner, Max Nordau, einer der führenden Vertreter der zionistischen Bewegung und enger Freund Theodor Herzls, rief am Ende seiner Ansprache aus: »Meine Zuhörer! Wir stehen hier auf Menschheitshöhen. Dieses Dichtergrab ist ein Gipfel.«

Dies blieb nicht die einzige Gelegenheit, bei der, gegen den testamentarischen Wunsch des Dichters, Reden an Heines

Grab gehalten wurden, denn an seinen runden Geburts- oder Todestagen kam es hier zu mancher offiziellen Zeremonie, bei der hochgestellte Politiker aus Deutschland wie aus Frankreich Kränze niederlegten und Ansprachen hielten.

Hasselriis' aus Carrara-Marmor gefertigte Grabplastik entspricht dem neoklassizistischen Geschmack jener Zeit. Die Porträtbüste des Dichters mit gesenktem Haupt und geschlossenen Augen ist dem bekannten, als Druck weitverbreiteten Bildnis des kranken Heine nachempfunden, das Ernst Benedikt Kietz 1851 im Auftrag von Heines Verleger Julius Campe geschaffen hatte und das die Vorstellung des leidenden, »vergeistigten« Dichters in seiner »Matratzengruft« prägte. Die Stele ist mit zahlreichen Ornamenten versehen: Direkt unter dem Dichterkopf prangt eine Lyra, Symbol der Dichtkunst, wie sie auch die ersten Ausgaben von Heines *Buch der Lieder* zierte, bekränzt von Rosen, die sich zu küssen scheinen. Dass damit vorwiegend auf seine Liebeslyrik Bezug genommen wird, entspricht dem romantisierten Heine-Bild, das in dieser Zeit vorherrschte und das die politischen, zeitgeschichtlichen oder philosophischen Aspekte seines Werkes weitgehend ausklammerte. Oberhalb der Lyra erkennt man einen Schmetterling – ein Symbol für die Unsterblichkeit der Seele, aber möglicherweise zugleich auch eine Anspielung auf Heines Gedicht »Der Schmetterling ist in die Rose verliebt«. Die ursprüngliche Inschrift des früheren Grabsteins, »Henri Heine« und »Madame Heine«, ist hier nun ins Deutsche übertragen: »Heinrich Heine« und »Frau Heine« steht dort, darunter ist konventionelle christliche Grabornamentik angeordnet: Todessymbole wie die stilisierten Totenlampen links und rechts, das Stundenglas und die Lilien in der Mitte, dazu die Palmwedel und der Pinienzapfen als Symbole der Auferstehung und des ewigen Lebens. Am Kopfende der Grabplatte ist ein Stapel mit Manuskripten angedeutet, darauf liegt ein reliefartiger Lorbeerkranz, auf dessen stilisierter Kranzschleife die Stifter des Monuments genannt sind. »Dem Andenken Heine's – das freisinnige Wien« steht dort. An den drei Rändern der Platte ist ein Gedicht Heines in den Stein gehauen:

> Wo wird einst des Wandermüden
> Letzte Ruhestätte sein?
> Unter Palmen in dem Süden?
> Unter Linden an dem Rhein?
>
> Werd ich wo in einer Wüste
> Eingescharrt von fremder Hand?
> Oder ruh ich an der Küste
> Eines Meeres in dem Sand.
>
> Immerhin mich wird umgeben
> Gotteshimmel, dort wie hier,
> Und als Totenlampen schweben
> Nachts die Sterne über mir.

Das Gedicht war zu Heines Lebzeiten nicht veröffentlicht worden, es erschien 1869 in einer Publikation seiner nachgelassenen Schriften zum ersten Mal im Druck.

»Immer wenn ich traurig bin, gehe ich auf Heines Grab. Und ich bin nicht die Einzige. Seit Ende des Krieges ist sein Grab ein Wallfahrtsort internationaler Sehnsucht geworden. Die eingekratzten Daten und Zeichen der Liebe bezeugen es.« Das notierte die Schriftstellerin Claire Goll 1924 und beschrieb damit die Rolle, die das Heine-Grab nicht erst seit der Umgestaltung hatte: Es war eine Pilgerstätte, und die Besucher hatten das Bedürfnis, Zeichen ihrer Verbundenheit mit dem Dichter zu hinterlassen. Sie taten das in Form von Inschriften auf dem Sockel, der Rückseite der Stele sowie von Visitenkarten oder kleinen Briefen, die sie dort ablegten – sehr zum Ärger der Friedhofsverwaltung, welche damit zu kämpfen hatte, dass die abgelegten Visitenkarten den Abfluss des Regenwassers verhinderten. Deshalb wurden Schalen aufgestellt, ab 1910 ein Metallbehälter, der als »Briefkasten Heinrich Heines« bekannt wurde. Nicht zu allen Zeiten waren die Inschriften auf dem Grabstein freundlich, zumindest nicht in den 30er Jahren des 20. Jahrhunderts und während der deutschen Besetzung von Paris durch die Wehrmacht, als man die von deutschen Besuchern hinterlassenen Karten entfernte und der Grabstein mit Hakenkreuzen verunstaltet wurde.

Wie Claire Goll hielten auch andere Schriftsteller ihre Erinnerungen an ihre Besuche an Heines Grab fest, etwa der englische Dichter Matthew Arnold mit seinem Poem »Heine's Grave« (1863), Julius Wolff mit »An seinem Grabe« (1899) bis hin zu Wolf Biermann mit seinem Lied »Auf dem Friedhof am Montmartre« (1979).

Heutzutage verewigen sich die Besucher nicht mehr durch Eintragungen auf Heines Marmorgrab, aber Visitenkarten oder beschriebene Zettel legt man weiterhin dort ab, ebenso natürlich frische Blumen oder kleine Steine, die nach jüdischer Sitte darauf platziert werden. Heines Grab ist ein lebendiger Wallfahrtsort der Literatur. Errichtet aus Spenden seiner Verehrer und Bewunderer und von ihnen fast jeden Tag immer wieder neu geschmückt, bezeugt es die beständige Zuneigung seiner Leserschaft, deren »Mitteilungsbedürfnis« an diesem Ort auch zeigt, dass sie noch immer ein besonderes Verhältnis zu diesem Autor hat, der für sie eben kein entrückter »Klassiker« ist.

Was den zeitgenössischen Lesern von Heinrich Heines journalistischen Berichten aus Paris so besonders interessant erschien, waren vor allen Dingen seine lebendigen Schilderungen der Personen, die das politische und kulturelle Geschehen dort bestimmten. Eine Reihe von Heines Pariser Freunden und Bekannten hat ihre letzte Ruhestätte ebenfalls auf dem Friedhof Montmartre gefunden, und es lohnt sich, am Friedhofseingang einen Lageplan zu erbitten und einen Rundgang zu den Gräbern seiner Zeitgenossen zu unternehmen. Viele der Personen, auf deren Grabsteine man dabei stößt und die im Tod hier vereint sind, könnten zu Lebzeiten in dieser Konstellation auch durchaus einmal in einem Salon zusammengetroffen sein. Nur wenige Schritte von Heines Grab entfernt ist etwa der Komponist Hector Berlioz beerdigt. »[…] die Berliozische Musik überhaupt hat für mich etwas urweltliches, wo nicht gar antidiluvianisches, und sie mahnt mich an untergegangene Thiergattungen, an fabelhafte Königsthümer und Sünden, an aufgethürmte Unmöglichkeiten: an Babylon, an die hängenden Gärten der Semiramis, an Ninive.« Dieses kritische Urteil Heines tat der freundschaftlichen Verbundenheit der beiden keinen Abbruch. Der wegen seines expressiven Stils ebenso berühmte wie umstrittene Komponist, der mit seiner *Symphonie fantastique* einen Meilenstein der Musikgeschichte schuf, war ein begeisterter Heine-Leser.

Geht man von dort die angrenzende Avenue Cordier entlang, stößt man bald auf das Grab des Schriftstellers Théophile Gautier, der zu Heines ersten und auch engsten Pariser Bekannten zählte. In ihren Briefen sprachen sie einander mit Vornamen an, und Gautier schrieb über sein Verhältnis zu Heine: »er war ein charmanter Gott – dabei boshaft wie ein Teufel – und sehr gutmütig, was immer man dagegen sagen mag. Ob er mich nun als seinen Freund oder seinen Jünger betrachtete, war unwichtig neben der Möglichkeit, seiner sprühenden Unterhaltung zuzuhören; er verschwendete Geld und Gesundheit, noch mehr aber seinen Geist.« Er stand Heine in der Duellaffäre mit Salomon Strauß zur Seite, und auf Heines Wunsch schrieb er Ende 1855 das Vorwort zu dem Band der französischen Gesamtausgabe seiner Werke, der die *Reisebilder* enthielt. Diesen Text Gautiers bekam Heine allerdings nicht mehr zu lesen, weil er kurz vor Erscheinen des Buches verstarb.

Den nicht weit davon entfernt begrabenen deutschstämmigen Künstler Tony Johannot hat Gautier den »König der Illustration« genannt. Er illustrierte 160 Bücher mit über dreitausend Zeichnungen, darunter auch die *Don-Quijotte*-Ausgabe, für die Heine 1837 eine Einleitung schrieb. 1836 porträtierte er Heine, der seinem »talentvollen Freunde Tony Johannot« bestätigte, das Bild sei »ganz vorzüglich gut« gelungen.

An der Avenue Samson, der Verlängerung der Avenue Hector Berlioz, liegt das Grab von Charles Fourier. Den frühsozialistischen Gesellschaftstheoretiker hat Heine zwar nicht persönlich kennengelernt, aber er sah ihn oft »in seinem grauen abgeschabten Rocke, längs den Pfeilern des Palais-Royal hastig dahinschreiten«.

Am Ende der Avenue de Montmorency befindet sich das Grab der Brüder Edmond und Jules de Goncourt. Die beiden Schriftsteller, die in Frankreich den Naturalismus begründeten und nach denen der heute renommierteste französische Literaturpreis benannt ist, gehörten zu Heines Pariser Bekanntenkreis und zählen außerdem zu den ersten französischen Literaten, deren Werk von Heine beeinflusst wurde, und zwar so stark, dass sogar von einem regelrechten »Heinekultus der Goncourt« (Betz) die Rede ist. Den romantischen Dramatiker und Romancier Alfred de Vigny, dessen Grab einige Schritte davon entfernt an der Avenue Saint-Charles liegt, lernte Heine bereits 1832, in seinem zweiten Pariser Jahr, kennen. Das »Talent dieses Mannes, wie auch seine Denk- und Gefühlart, ist auf das Zierliche und Miniaturmäßige gerichtet, und seine Werke sind besonders kostbar durch ihre ausgearbeitete Feinheit«, befand Heine. Weniger enthusiastisch als über den oft von ihm aufgesuchten Salon-Gastgeber Vigny sprach Heine hingegen von dem deutschen Komponisten und Pianisten Friedrich Wilhelm Kalkbrenner, der ebenfalls auf dem Friedhof Montmartre beerdigt ist. An Franz Liszt schrieb Heine: »Wir reisten jüngst mit einander auf einem Dampfboote die Seine hinauf, von Paris nach Corbeil; diese Reise dauert gewöhnlich fünf Stunden, wenn man aber mit Kalkbrenner fährt, fährt man von Paris nach Corbeil in zehn Stunden. Gegen diese Windstille des Geistes hilft keine Dampfmaschine.«

Auch viele andere Künstler, die Heine erlebt und meist auch in seinen Pariser Korrespondenzberichten geschildert hat, sind hier begraben: die Maler Horace Vernet, Paul Delaroche und Ary Scheffer, deren Werke er in seinen Berichten über den *Salon* besprochen hat.

Einer auf dem Friedhof Montmartre begrabenen Künstler-
persönlichkeit, mit der Heine, von außen betrachtet, am meisten gemeinsam hat, ist er zu Lebzeiten allerdings vermutlich
nie begegnet: Wie er selbst war er ein deutscher Jude aus dem
Rheinland, der einen Großteil seines Lebens in Paris verbrachte und hier starb, der eine ausgeprägte satirische Ader hatte,
Pariser Straßenszenen künstlerisch gestaltete, ein virtuoser
Modernisierer war und dennoch bei großen Teilen des Publikums stets eher als Vertreter einer vermeintlich »leichten«
Muse aufgefasst wurde – der Komponist Jacques Offenbach.

Welche sichtbaren Spuren hat Heine in Paris hinterlassen?
Neben den beiden erwähnten Gedenkplaketten an zwei seiner
Wohnhäuser trifft man im Pariser Straßenbild noch im 16. Arrondissement, einem der teuersten Wohnviertel überhaupt,
auf den Namen Heine: 1886 wurde hier eine Rue Henri-Heine
eröffnet; die deutschen Besatzer haben sie 1942 in Rue Jean-
Sébastien-Bach umbenannt, bevor sie 1945 dann ihren früheren Namen zurückerhielt. Was für ein typisches Symptom
von Heines Wirkungsgeschichte! Ein Heine-Schatz ruht in
der Bibliothèque nationale: Dort befindet sich die zweitgrößte Sammlung von Heine-Manuskripten, die es auf der Welt
gibt. Die größte, mit dem eigentlichen Dichternachlass, liegt
in seiner Heimatstadt Düsseldorf. Und in der Cité Internationale Universitaire de Paris gibt es seit 1956 das Maison
Heinrich Heine, ein Studentenwohnheim, das seinen Namen
trägt. Es versteht sich als internationale Begegnungsstätte,
und mit seinem Kulturprogramm widmet es sich insbesondere
dem deutsch-französischen Austausch – ganz im Sinne des
Dichters, der in seinem Testament geschrieben hatte: »Es war

die große Aufgabe meines Lebens, an dem herzlichen Einverständnisse zwischen Deutschland und Frankreich zu arbeiten und die Ränke der Feinde der Demokratie zu vereiteln, welche die internationalen Vorurteile und Animositäten zu ihrem Nutzen ausbeuten. Ich glaube mich sowohl um meine Landsleute wie um die Franzosen wohlverdient gemacht zu haben, und die Ansprüche, welche ich auf ihren Dank besitze, sind ohne Zweifel das wertvollste Vermächtnis, das ich meiner Universalerbin zuwenden kann.«

LITERATURVERZEICHNIS

1.) Quellen

Begegnungen mit Heine. Berichte der Zeitgenossen. Hrsg. von Michael Werner in Fortführung von H. H. Houbens »Gespräche mit Heine«. Bd. 1, 2. Hamburg 1973.

Ludwig Börne: *Sämtliche Schriften.* Neu bearb. u. hrsg. von Inge und Peter Rippmann. Bd. 1–5. Dreieich 1977.

Théophile Gautier: *Portraits contemporains. Littérateurs, peintres, sculpteurs, artistes dramatiques.* 4. Aufl. Paris 1881.

Heinrich Heine: *Historisch-kritische Gesamtausgabe der Werke.* In Verbindung mit dem Heinrich-Heine-Institut hrsg. von Manfred Windfuhr im Auftrag der Landeshauptstadt Düsseldorf. Bd. 1–16. Hamburg 1973–1997.

Heinrich Heine: *Werke, Briefwechsel, Lebenszeugnisse. Säkularausgabe.* Hrsg. von den Nationalen Forschungs- und Gedenkstätten der klassischen deutschen Literatur in Weimar [heute: Stiftung Weimarer Klassik] und dem Centre National de la Recherche Scientifique in Paris. Bd. 1–27. Berlin, Paris 1970 ff.

Peter Hervé / M. Galignani: *The new picture of Paris, from the latest observation, containing accurate descriptions of the buildings, antiquities, paintings, theatres* [...]. 4. Aufl. London 1829.

August Lewald: *Album aus Paris.* Bd. 1, 2. Hamburg 1832.

Paris, oder Das Buch der Hundert und Ein. Aus dem Französischen übersetzt von Theodor Hell. Bd. 1–6. Potsdam 1832, 1833.

»Der Weg von Ihrem Herzen bis zu Ihrer Tasche ist sehr weit!« Aus dem Briefwechsel zwischen Heinrich Heine und seinem Verleger Julius Campe. Hrsg. von Gerhard Höhn und Christian Liedtke. Hamburg 2007.

2.) Forschungsliteratur

Walter Benjamin: *Gesammelte Schriften.* Unter Mitwirkung von Theodor W. Adorno und Gershom Scholem hrsg. von Rolf Tiedemann und Hermann Schweppenhäuser. Bd. 1–7. Frankfurt a. M. 1974.

Louis P. Betz: *Heine in Frankreich. Eine litterarhistorische Untersuchung.* Zürich 1895.

Rutger Booß: *Ansichten der Revolution. Paris-Berichte deutscher Schriftsteller nach der Juli-Revolution 1830: Heine, Börne u. a.* Köln 1977.

Ina Brendel-Perpina: *Heinrich Heine und das Pariser Theater zur Zeit der Julimonarchie.* Bielefeld 2000.

Klaus Deinet: Heinrich Heine und Frankreich – eine Neueinordnung. – In: *Internationales Archiv für Sozialgeschichte der deutschen Literatur* 32 (2007), S. 112–152.

Jean-Claude Delorme / Anne-Marie Dubois: *Passages couverts parisiens.* Paris 1996.

Werner Giesselmann: »*Die Manie der Revolte«. Protest unter der französischen Julimonarchie (1830–1848).* Bd. 1, 2. München 1993.

Jacques Grandjonc: Die deutschen Emigranten in Paris. Ihr Verhältnis zu Heinrich Heine. – In: *Internationaler Heine-Kongreß Düsseldorf 1972. Referate und Diskussionen.* Hrsg. von Manfred Windfuhr. Hamburg 1973, S. 165–177.

Jacques Grandjonc: Zu Marx' Aufenthalt in Paris: 11. Oktober 1843– 1. Februar 1845. – In: *Studien zu Marx' erstem Paris-Aufenthalt und zur Entstehung der ›Deutschen Ideologie‹.* Trier 1990, S. 163–212.

Jan-Christoph Hauschild / Michael Werner: »*Der Zweck des Lebens ist das Leben selbst«. Heinrich Heine. Eine Biographie.* Köln 1997.

Heine in Paris. 1831–1856. Hrsg. von Joseph A. Kruse und Michael Werner. Düsseldorf 1981.

Jacques Hillairet: *Dictionnaire historique des rues de Paris.* Bd. 1, 2. Paris 1963.

Gerhard Höhn: *Heine-Handbuch. Zeit, Person, Werk.* 3., überarb. u. erw. Aufl. Stuttgart, Weimar 2004.

Gerhard Höhn: Zur Vorgeschichte der Kulturindustrie. Heines Kritik an der Durchdringung von Kunst und Kommerz. – In: *Übergänge. Zwischen Künsten und Kulturen. Internationaler Kongress zum 150. Todesjahr von Heinrich Heine und Robert Schumann.* Hrsg. von Henriette Herwig u. a. Stuttgart, Weimar 2007, S. 565–580.

Ortwin Lämke: *Heines Begriff der Geschichte. Der Journalist Heine und die Julimonarchie.* Stuttgart, Weimar 1997.

Christian Liedtke: *Heinrich Heine.* Überarb. u. erw. Neuausg. Reinbek 2006.

Christian Liedtke: Bilderstreit und Bilderrätsel. Zur Biographie der Heine-Porträts. – In: *Heinrich Heine im Porträt. Wie die Künstler seiner Zeit ihn sahen.* Hrsg. von Christian Liedtke. Hamburg 2006, S. 85–112, 147–151.

Christian Liedtke: »Französische Zustände. Paris den 25' Junius.« Das wiedergefundene Manuskript. – In: Heinrich Heine: *Französische Zustände. Artikel IX vom 25. Juni 1832. Urfassung.* Mit einem Essay von Martin Walser. Hrsg. von Christian Liedtke. Hamburg 2010, S. 107–155.

Bernd Kortländer: Ein lebender Toter. Über das Bemühen, Heinrich Heine zu begraben. – In: *»... und die Welt ist so lieblich verworren«. Heinrich Heines dialektisches Denken. Festschrift für Joseph A. Kruse.* Hrsg. von Bernd Kortländer und Sikander Singh. Bielefeld 2004, S. 491–507.

Michael Mann: *Heinrich Heines Musikkritiken.* Hamburg 1971.

Fritz Mende: *Heinrich Heine. Chronik seines Lebens und Werkes.* 2., bearb. u. erw. Aufl. Stuttgart, Berlin, Köln, Mainz 1981.

Claude Pichois / Jean-Paul Avice: *Baudelaire. Paris.* Vorwort von Yves Bonnefoy. Paris 1993.

Helke Rausch: *Kultfigur und Nation. Öffentliche Denkmäler in Paris, Berlin und London 1848–1914.* München 2006.

Karlheinz Stierle: *Der Mythos von Paris. Zeichen und Bewußtsein der Stadt.* München 1993.

Philippe Vigier: *Paris pendant la Monarchie de Juillet (1830–1848). Nouvelle Histoire de Paris.* Paris 1991.

Michael Werner: Deutsch-französische Verflechtungen im Pariser Musikleben der Julimonarchie. – In: *Deutsch-französischer Ideentransfer im Vormärz.* Hrsg. von Gerhard Höhn und Bernd Füllner. Bielefeld 2002, S. 211–227.

Michael Werner: Kulturbetrieb und Virtuosentum. Zu einigen Strukturveränderungen im Pariser Musikleben der Julimonarchie. – In: *Übergänge. Zwischen Künsten und Kulturen. Internationaler Kongress zum 150. Todesjahr von Heinrich Heine und Robert Schumann.* Hrsg. von Henriette Herwig u. a. Stuttgart, Weimar 2007, S. 15–23.

Johannes Willms: *Paris. Hauptstadt Europas 1789–1914.* München 1988.

ZU DEN AUTOREN

Gerhard Höhn, geboren 1939 in Düsseldorf, studierte Literaturwissenschaft und Philosophie und promovierte an der Sorbonne (Paris). Der Heine-Spezialist lehrte an der Universität Caen und arbeitet heute als freier Wissenschaftler und Publizist. Er ist Autor des Standardwerkes *Heine-Handbuch* (3. Auflage 2004) sowie des Buches *Henri Heine. Un intellectuel moderne* (1994). Zuletzt arbeitete er über die »Kontrastästhetik« bei Heine. Bei Hoffmann und Campe erschien von ihm: »*Der Weg von Ihrem Herzen bis zu Ihrer Tasche ist sehr weit. Aus dem Briefwechsel zwischen Heinrich Heine und seinem Verleger Julius Campe*« (mit Christian Liedtke, 2007).

Christian Liedtke, geboren 1964 in Hamburg, studierte Germanistik und Philosophie in Hamburg, Cincinnati (USA) und Bonn. Er ist wissenschaftlicher Mitarbeiter am Heinrich-Heine-Institut, Düsseldorf, Autor einer Heine-Biographie (erschienen 1997) und mitverantwortlich für die neue Internet-Edition »Heinrich-Heine-Portal«. Bei Hoffmann und Campe erschienen die von ihm herausgegebenen Bände: *Heinrich Heine. »… und grüßen Sie mir die Welt«. Ein Leben in Briefen* (mit Bernd Füllner, 2005); *Heinrich Heine im Porträt. Wie die Künstler seiner Zeit ihn sahen* (2006); *Heinrich Heine, Die Harzreise* (2008) und *Totentanz und Mitternachtsgraus. Schauerballaden* (2009).